Detlef Joseph

»Antifaschismus war hier Staatsdoktrin«

SPOTLESS

ISBN 978-3-360-02018-5

spotless erscheint in der edition ost
Redaktion: Frank Schumann

Umschlaggestaltung/Satz: edition ost
Cover-Foto: Das Schloss Cecilienhof, in welchem die Siegermächte das Potsdamer Abkommen aushandelten. Der rote Blumenstern markiert die Stelle, an der sich Stalin, Churchill und Truman im August 1945 den Fotografen stellten. Aufnahme 2009 © Robert Allertz
Druck und Bindung: Salzland Druck, Staßfurt

Ein Verlagsverzeichnis schicken wir Ihnen gern:
Das Neue Berlin Verlagsgesellschaft mbH
Neue Grünstr. 18, 10179 Berlin
Fax 01805/35 35 42
Tel. 01805/30 99 99
(0,14 Euro/Min., Mobil abweichend)

Die Bücher von spotless werden von der Eulenspiegel Verlagsgruppe vertrieben.
Bezug im Abonnement: 12 Ausgaben im Jahr, Jahresabonnement Inland 59,50 Euro, Europa 74,50 Euro, Welt 84,50 Euro
Einzelausgabe: 5,95 Euro
www.spotlessverlag.de

Inhalt

Das Folgenreichste dürfte der emotionelle Antikommunismus sein. Es ist die offizielle staatsbürgerliche Haltung, und in ihm haben sich ideologische Elemente des Nazismus mit denen des kapitalistischen Westens amalgamiert.

Alexander und Margarete Mitscherlich,
in: Die Unfähigkeit zu trauern

Die Kappe von Kappelt

1981 erschien in der Bundesrepublik ein Buch mit dem Titel »Braunbuch DDR – Nazis in der DDR«. Der Titel korrespondierte mit einer Publikation, die in den 60er Jahren in der DDR in drei Auflagen verlegt worden war: »Braunbuch. Kriegs- und Naziverbrecher in der Bundesrepublik und Berlin (West)«. Sie enthielt an die zweitausend Namen von Persönlichkeiten aus Politik, Justiz, Polizei, Militär und Wirtschaft, die eine braune Vergangenheit hatten, also nach heutigem Verständnis und Sprachgebrauch »belastet« waren.

Auf 340 Seiten wurden dort namentlich mit ihrer Vita 15 Bonner Minister und Staatssekretäre aufgeführt, 100 Generale und Admirale der Bundeswehr, 828 hohe Justizbeamte, Staatsanwälte und Richter sowie 245 leitende Beamte des Auswärtigen Amtes, der Botschaften und Konsulate der Bundesrepublik sowie 297 hohe Beamte der Polizei und des Verfassungsschutzes. Diese Personen seien, wie damals *dpa* vermeldete, wobei die Nachrichtenagentur die Lesart der Braunbuch-Autoren zitierte, »Stützen der Hitlerdiktatur, Wegbereiter und Nutznießer der Judenverfolgung oder überführte Mörder von Antifaschisten« gewesen.

Die BRD reagierte wie in einem totalitären Staat üblich: Sie ließ das DDR-Buch am 17. Oktober 1965 auf der Buchmesse in Frankfurt am Main, wo das Buch erstmals ausgestellt worden war, beschlagnahmen.

In jenem »Braunbuch« stimmte alles, unter Wikipedia kann man im Internet nachlesen: »Spätere unabhängige

Nachforschungen ergaben dann, dass die meisten Angaben zutrafen.« Und als die edition ost 2002 einen Reprint des Braunbuchs mit aktuellen Texten von zwei Autoren herausgab, »bezeichnete der Historiker Götz Aly das Buch zwar als ›Propaganda‹, betonte aber, dass die Irrtumsquote bei den Angaben deutlich unter einem Prozent gelegen habe«. (*http://de.wikipedia.org/wiki/Braunbuch*)

Das »Braunbuch« hatte eine der dunklen Seiten der Bundesrepublik sichtbar gemacht. Und genau das erklärte die große Empörung damals am Rhein.

Natürlich war die konservative, reaktionäre Bundesrepublik kein faschistischer Staat. Das war mit dem Braunbuch auch nicht behauptet worden. Aber es machte sichtbar, dass es aufgrund einer personellen Kontinuität auch keinen tatsächlichen ideellen Bruch mit der Vergangenheit in jenem Land gegeben hatte. Der Ungeist pflanzte sich fort und prägte das Denken von Generationen.

Als die Alliierten das Hitlerreich besiegten und das Land besetzten, vertrieben sie die Nazis gemäß Potsdamer Abkommen aus ihren Ämtern und brachten sie hinter Stacheldraht und Gitter. Ende 1946 waren in der amerikanischen Zone 95.000 Nazi-Aktivisten interniert, in der britischen ungefähr 64.000 und in der französischen rund 19.000. In der sowjetischen Besatzungszone zählte man zum gleichen Zeitpunkt etwa 67.000 Internierte.

Die US-Behörden untersagten mit ihrem Befehl Nr. 8 vom 26. September 1945 ehemaligen Mitgliedern der NSDAP oder einer ihrer Gliederungen jegliche Berufsausübung (Handarbeit oder absolut untergeordnete Tätigkeiten ausgenommen). Das betraf etwa 13 Millionen Deutsche.

Im Unterschied zur sowjetischen Besatzungszone, wo man stärker als im Westen auf eine Erneuerung an Haupt und Gliedern drang, glaubten die Westmächte offenkundig, mit den Prozessen gegen die wichtigsten Nazi- und Kriegsverbrecher den notwendigen Teil der »Umerziehung« geleistet zu haben. Vor allem jedoch brauchten sie schon bald Bundesgenossen gegen den alt-neuen Feind im Osten. Diese Deutschen hatten im Kampf gegen den »Bolschewismus« hinlänglich Erfahrungen gesammelt, auf die man nicht verzichten wollte.

Die weitere juristische »Aufarbeitung« der Nazi-Vergangenheit wurde in deutsche Hände gelegt. Aber in wessen Hände? Die neuen Richter waren die alten, und diese urteilten nach dem Grundsatz: Was gestern Recht war, kann heute kein Unrecht sein. Oder wie der Volksmund zu sagen pflegt: Eine Krähe hackte der anderen kein Auge aus.

Im Osten, in der DDR, vollzog man einen radikalen Bruch mit der Vergangenheit. Gleichwohl stand auch hier das Problem, wie man die Millionen Mitläufer des Tausendjährigen Reiches in die neue Zeit mitnahm, wie man sie in die Gesellschaft integrierte.

In der Bundesrepublik, die politisch, ideologisch und wirtschaftlich auf den gleichen Grundsätzen wie das Hitlerreich gründete, nämlich auf Kapitalismus und Antikommunismus, war das nicht schwer. Man machte, wie Kanzler Adenauer forderte, schon bald Schluss mit der »ganzen Nazi-Riecherei«.

Die DDR hingegen, antifaschistisch und sozialistisch verfasst, integrierte auf ihre Weise. Sie klärte auf, erzog, versuchte diese Menschen zu läutern und zu ändern.

Denn der Marxismus, das intellektuell-ideologische Fundament dieser Gesellschaft, ging und geht von der Veränderbarkeit der Welt und des einzelnen Menschen aus.

Insofern war es verständlich, dass die diametral entgegengesetzte Entwicklung in der Bundesrepublik bei der Auseinandersetzung mit der Vergangenheit in der zweiten deutschen Republik, der DDR, missfiel. Ausdruck dieses Unmuts war die Erarbeitung eben jenes Kompendiums mit dem bezeichnenden Namen »Braunbuch«. Womit man eindeutig ins Wespennest gestochen hatte.

Es gab unterschiedliche Reflexe darauf. Eine Reaktion war die Neuauflage einer antikommunistischen Propaganda-Schrift unter dem Titel »Ehemalige Nationalsozialisten in Pankows Diensten«, die der »Untersuchungsausschuss freiheitlicher Juristen« (UfJ), ein mit Geheimdienstleuten durchsetzter reaktionärer Verein in Westberlin, schon 1958 zusammengekliert hatte.

Auf 102 Seiten waren dort rund 250 namhafte DDR-Persönlichkeiten aufgeführt, die im Document Center in Berlin-Zehlendorf in der dort einliegenden NSDAP-Mitgliederdatei aufgefunden worden waren. Nicht einer von diesen DDR-Bürgern war vor 1945 als Straftäter in Erscheinung getreten oder solcher Verbrechen verdächtig.

Aber die Ansage war klar: Wer im Glashaus sitzt, soll besser nicht mit Steinen werfen.

Erstmals verbreitete man dort die These, die Behauptungen der DDR über westdeutsche Nazi- und Kriegsverbrecher könnten »nicht von der Tatsache ablenken, dass der Verwaltungsapparat der SBZ (*damals benutzte man das Kürzel DDR demonstrativ nicht – d. Verl.*) mit ehemaligen Nationalsozialisten durchsetzt ist«.

Diese Ungeheuerlichkeit entbehrte jeder Grundlage, aber um Stimmung zu machen, braucht man keine Beweise, sondern lediglich Geschrei im eigenen Blätterwald.

Die krude These von der mit Nazis durchsetzten DDR griff Olaf Kappelt wieder auf. Er legte 1981 in einem Westberliner Verlag ein »Braunbuch DDR – Nazis in der DDR« vor.

Kappelt, Jahrgang 1953 und gebürtig in Altdöbern, was in der Lausitz liegt, ist laut Internet-Eintrag »ein deutscher Historiendarsteller, Publizist und Stadtführer in Berlin«. (*http://de.wikipedia.org/wiki/Olaf_Kappelt*). Er will nach eigenem Bekunden 1977 das Brüsewitz-Zentrum in Bad Oynhausen initiiert haben, zu deren Kuratoriumsmitgliedern Otto von Habsburg und Heinrich Lummer gehörten. Und falls deren politische Verortung nicht für hinlängliche Aufklärung sorgt, sei noch darauf verwiesen, dass diese Einrichtung eng mit der Internationalen Gesellschaft für Menschenrechte (IGFM) zusammenarbeitete; ein Vorstandsmitglied, Jörn Ziegler, war langjähriger Vorsitzender der BRD-Sektion der IGFM. Die IGFM, das nur nebenbei, war 1972 von zarentreuen Exilrussen und anderen windigen Gestalten und Geheimdienstlern gegründet worden. »Generell wird der IGFM vorgeworfen, in ihrem antikommunistischen Kampf das Motto ›Der Zweck heiligt die Mittel‹ verfolgt zu haben. Dazu gehörte unter anderem auch die Unterstützung von Verbrechern, die aus der DDR geflohen waren, und mangelnde Kritik an Menschenrechtsverletzungen durch antikommunistische Regime wie in Chile« nach 1973. (*http://de.wikipedia.org/wiki/Internationale_Gesellschaft_für_Menschenrechte*)

Finanziert wurde das Brüsewitz-Zentrum unter anderem vom Bundesministerium für innerdeutsche Beziehungen und der Bundeszentrale für politische Bildung.

Nach dem Ende der DDR, das sei der Vollständigkeit halber auch erwähnt, hatte sich natürlich das in der Satzung formulierte Ziel des Zentrums erledigt, »im christlichen Geiste der Grund- und Menschenrechte zur besseren Verständigung, Zusammenarbeit und Solidarität im ganzen deutschen Volk, in Europa und zwischen den Völkern der Welt beizutragen«. Deshalb stellte es seine Tätigkeit folgerichtig ein. Mitglieder wechselten in das Studienzentrum Weikersheim, einem Netzwerk der Neuen Rechten. Das Studienzentrum hatte Baden-Württembergs Ex-Ministerpräsident Hans Filbinger 1979 gegründet. Filbinger, wir erinnern uns, hatte als Nazi-Marinerichter mindestens vier Todesurteile gefällt. Nach Kriegsende wurde er als britischer Kriegsgefangener in Oslo zur Lageraufsicht bis Februar 1946 in seinem Amt belassen und verhängte auch dort Strafen gegen Mitgefangene.

Der gesamte Aktenbestand des Brüsewitz-Zentrums wurde am 27. Mai 2004 der »Stiftung zur Aufarbeitung der SED-Diktatur« übergeben.

So schließt sich der Kreis, in welchem Kappelts politische Wurzeln liegen.

Der »deutsche Historiendarsteller« Kappelt legte also 1981 das »Braunbuch DDR – Nazis in der DDR« vor. Man kann nun rätseln, woher er das Material für dieses Pamphlet hatte, denn seine wissenschaftliche Qualifikation begann erst fünf Jahre später, als er an der Würzburger Universität »die Fächer Kirchengeschichte, Staatsrecht und Soziologie« studierte. »1997 ernannte ihn die Julius-Maximilians-

Universität nach erfolgreicher Dissertation zum Doktor der Philosophie«, heißt es weiter bei Wikipedia. »In den 1990er Jahren lebte Kappelt in Rothenburg ob der Tauber und betrieb unter anderem bis zum Konkurs im Jahre 2000 das Hotel Zum Bären. Dort trat er auch als unabhängiger Kandidat gegen den amtierenden Oberbürgermeister an.«

Wie man sieht, ist Kappelt ziemlich umtriebig und flexibel. Sein im Internet ausgestelltes Werkeverzeichnis ist entsprechend bunt: »Braunbuch DDR – Nazis in der DDR«, 1981; »Ungarische Tragödie '56«, 1986; »Die Entnazifizierung in der SBZ sowie die Rolle und der Einfluss ehemaliger Nationalsozialisten in der DDR als ein soziologisches Phänomen«, 1997 (seine Dissertationsarbeit); »Der Bär zu Rothenburg ob der Tauber. Eines der ältesten Wirtshäuser Deutschlands«, Homilius Verlag Berlin, 2000; »Spaziergang mit Friedrich dem Großen«, 2006; Friedrich der Große: Meine Koch- und Küchengeheimnisse«, 2006; »Von Troja nach Berlin«, 2006; »Als Neuenburg und Valangin noch bei Preussen waren, vor 300 Jahren: Die Geschichte des Schweizer Fürstentums«, 2007.

Und schließlich, 2009, die überarbeitete Neuausgabe seines »Braunbuchs«.

Das Vorwort für die 1981er Ausgabe hatte seinerzeit Otto von Habsburg gezeichnet. »Die vorliegende Dokumentation ist«, so hieß es dort unmissverständlich, »eine brauchbare Waffe gegen jene, die Deutschland diskreditieren wollen. Man wird Widersacher nicht zum Schweigen bringen, aber den Gutgläubigen zeigen, dass die sogenannte DDR und nicht die Bundesrepublik das geistige Erbe Hitlers übernommen hat.«

Noch Fragen?

Im Frühjahr 2009 nun erschien die 2. überarbeitete Auflage. Der Zeitgeist hatte offenkundig Autor und Verlag animiert, jetzt richtig Kasse machen zu wollen. Denn in die angestrengten Bemühungen zur Delegitimierung der DDR und zur Rehabilitierung der BRD passt dieses Machwerk absolut.

Als Vorwort-Autor folgt dem Kaiser-Enkel von Habsburg das Ex-Politbüro-Mitglied Günter Schabowski, was in bezug auf die Entwicklung dieses Konvertiten ebenfalls zwingend logisch erscheint. Schabowski wettert wie gewohnt gegen die Nachfolger jener Partei, an deren Spitze er einmal selber stand: »So illegitim und anmaßend es ist, wenn sich die Linke und zuvor die PDS als Rächer der ›enterbten Ostdeutschen‹ aufwirft, die sie selbst enterbt hat, so wenig einspruchslos kann es hingenommen werden, wenn diese Partei unter Berufung auf eine anti-faschistische Seelenbeschaffenheit die Rolle eines besonders ausgewiesenen Wächters oder gar Richters in der bundesdeutschen Demokratie übernimmt, wenn es um Neonaziumtriebe geht.«

Kann man das alles ernst nehmen?

Zur Maßlosigkeit der Übertreibung gesellte sich nämlich auch noch die Lächerlichkeit des Auftritts. Der Berliner *Tagesspiegel* begann seine Rezension des »Braunbuchs« am 15. Juni 2009 mit den durchaus erhellenden Sätzen: »Er freut sich, wenn man ihn als Stadtführer bucht, dann läuft er in der Maske und Uniform Friedrichs des Großen durch Berlin und erklärt seinen Gästen auf fritzische Art die Welt von vorgestern. Das wichtigste Anliegen Olaf Kappelts (›Mein Lebenswerk‹) ist indes ein Stück Welt von gestern.«

Man *sollte* Kappelts »Lebenswerk« nicht nur ernst nehmen, man *muss* es. Allerdings weniger wegen der Substanz, die auf den nachfolgenden Seiten von Prof. Dr. Detlef Joseph zerpflückt werden wird, sondern wegen der Funktion, die diese mehr als oberflächliche Arbeit in der Auseinandersetzung mit der Vergangenheit besitzt. Kappelt (und sein Konvolut) ist allenfalls Bauer auf dem ideologischen Schachbrett, das in Wahrheit ein politisches Schlachtfeld darstellt. Die Kappelts werden gebraucht. Insofern sollte man weniger Worte über ihn als über Joseph verlieren, der sich mit dieser Materie bereits hinlänglich auseinandergesetzt hat.

2002 publizierte Joseph die Untersuchung »Nazis in der DDR. Die deutschen Staatsdiener nach 1945 – woher kamen sie?« Der Professor für Staats- und Rechtstheorie vom Jahrgang 1934 beschäftigte sich darin sachkundig mit den Biographien von Personen, die im Westen als Nazis denunziert wurden, und ging darin der Frage nach, warum man in der BRD die DDR zum Nachfolger der Hitlerdiktatur machen möchte.

2006 legte Joseph eine überarbeitete und stark erweiterte 2. Auflage vor unter dem Titel »Hammer, Zirkel, Hakenkreuz. Wie antifaschistisch war die DDR?« Systematisch und mit wissenschaftlichen Belegen geht er darin den Vorwürfen nach, die seit 1990 mit wachsender Vehemenz erhoben werden: Auch in der DDR haben angeblich Nazis in hohen Ämtern gesessen, der Antifaschismus sei nur verordnet und das SED-Regime nicht besser als sein braunes Pendant gewesen.

In dem vorliegenden spotless-Band unterwirft Prof. Joseph der neuen Auflage von Kappelts »Braunbuch«

einer kritischen Analyse, um die billige Methode sichtbar zu machen, mit der die DDR und die Idee des Antifaschismus, die hier von Anbeginn eine Heimat hatte, diskreditiert werden soll.

Sie wissen nichts, und wissen doch alles besser.

Selbstkritisch merkte *Die Zeit* am 19. Januar 1996 stellvertretend für ihr westdeutsches Publikum an, nachdem Bundespräsident Herzog vorgeschlagen hatte, künftig in der BRD den Tag der Befreiung des Vernichtungslagers in Auschwitz als nationalen Gedenktag zu begehen: »Wer hat mit nur einem Gedanken daran gedacht, dass es in der DDR einen Gedenktag für Nazi-Opfer gab?«

Weshalb wohl?

Warum gab es den Gedenktag am 1. September in der DDR? Und weshalb nahm man das in der BRD nicht zur Kenntnis?

»Es ist auch keine bloße Formsache, wenn westdeutsche Parteien und Politiker schon das Wort Antifaschismus meiden, als wäre es gefährlich wie eine Aids-Infektion. Für die deutschen Bürgerparteien, SPD inklusive, ist der Antifaschismus der wahre Feind, denn er steht links, wo ihr Herz nicht schlägt«, befand sarkastisch der hessische Schriftsteller Gerhard Zwerenz im September 2000. »Nichts aber legitimierte die DDR so sehr wie ihr Antifaschismus, dessen klischierte Auswüchse die Sache zwar partiell entwerten, jedoch nicht ungültig machen konnten.«

Wie man es im Westen mied und meidet, den Begriff »Antifaschismus« zu verwenden (allenfalls, wie gesehen, um die Basis der DDR zu schleifen), so ist es heutzutage auch üblich, nicht mehr von »Faschismus« zu sprechen. Auch in linken Kreisen gilt es inzwischen als schick, ausschließlich vom »Nationalsozialismus« oder in Wortverbindungen von »NS« zu sprechen und zu schreiben.

Nun weiß inzwischen jeder halbwegs historisch gebildete Mensch, dass das Hitlerregime weder national noch sozialistisch war. Es war insofern antinational, als es zunächst das eigene Volk bekämpfte, indem es seine Parteien und Organisationen aus- oder gleichschaltete, deutsche Staatsbürger wegen ihrer Herkunft und Überzeugung einsperrte, folterte und ermordete und sodann die gesamte Nation in eine Katastrophe führte.

Die NSDAP-Diktatur war insofern antisozialistisch, als sie die kapitalistische Wirtschaftsbasis nie antastete, im Gegenteil: alles dafür tat, dass das deutsche Industrie- und Finanzkapital maßlos Profite machen konnte. In jener Zeit fand eine gewaltige Bereicherung statt. Geschätzte 10 bis 14 Millionen Zwangsarbeiter (inklusive KZ-Häftlinge) holte der Nazi-Staat ins Reich. Die Arbeitssklaven wurden an »kriegswirtschaftlich wichtige Betriebe« vergeben. Hier fand jene Akkumulatation statt, mit dem ein Jahrzehnt später das sogenannte deutsche Wirtschaftswunder ins Laufen kam.

Dieses Thema wurde ein halbes Jahrhundert in der BRD tabuisiert. Natürlich. Erst 1999 beschloss der Bundestag ein Gesetz zur Errichtung einer Stiftung. Bund und Wirtschaft wollten 10 Milliarden DM aufbringen, mit denen ehemalige Zwangsarbeiter, von denen nur noch wenige lebten, »entschädigt« werden sollten. Mit dem Hinweis, die Konzerne von damals seien nicht die von heute, drückten sich viele Unternehmen vor dem Eingeständnis ihrer kriminellen Bereicherung. Noch im Dezember 2000 wies eine vom ARD-Magazin *Kontraste* veröffentlichte Liste deutscher Unternehmen mit mehr als einer Milliarde Jahresumsatz, die der Stiftungsinitiative noch nicht beigetreten waren, über fünfzig renommierte Adressen auf. Unter ihnen Schlecker, Coop, Hagebau, Haribo, LTU, Norma, Olympus, Sixt, Spar und Tchibo. Siemens, Bayer, Bosch und VW zierten sich nicht so lange, sie zahlten. Was ihre historische Schuld keineswegs kleiner machte.

Ja, man muss das Dritte Reich, die Nazi-Diktatur, die Herrschaft der Faschisten auch so deutlich benennen, wie sie es verdient und es auch notwendig ist. Mit der gleichen Eindeutigkeit müssen auch jene Kräfte benannt werden, die gegen die Faschisten, gegen Nazi- und Kriegsverbrecher kämpften, die sie nach dem Ende ihrer Herrschaft verfolgten und bestraften.

Oder eben dies auch unterließen. Von Gesetzes wegen und aus politischer Überzeugung.

Vernebler wie Kappelt bewirken das Gegenteil. Sie erfüllen genau jene Mission, die ihnen zugedacht ist. Und dabei helfen Leute wie das einstige Politbüromitglied Schabowski, der in Kappelts 2. Auflage schrieb: »Ein Nazi, dem es gewährt war, zum Sozialisten, genauer zum Kommunisten zu mutieren, war total und für immer entnazifiziert. Er war wie neugeboren. Wen aber die westdeutsche Demokratie umerzog, der blieb ein Nazi.«

Nichts begriffen und nichts hinzugelernt.

Der Verlag

Im Kalten Krieg kämpften die gleichen, die es schon im Heißen Krieg hatten wissen wollen

Bestandteil der Diskreditierung der Deutschen Demokratischen Republik ist es, sie zunehmend in eine Linie mit der nazistischen Diktatur zu bringen. Die negative Geschichte Deutschlands wird als die zweier Diktaturen von 1933 bis 1989 ausgemalt. Dazu gehört es, verstärkt darauf zu verweisen, dass es nach 1945 auch in der DDR Nazis gegeben habe, die ohne Probleme verantwortungsvolle Funktionen ausüben konnten, weshalb es unehrlich gewesen sei, dass die DDR es unternahm, die BRD wegen der Integration nazistisch Belasteter zu verteufeln.

Nach den von der DDR publizierten Materialien beispielsweise über die Blutjuristen, die in der Nazizeit Mordurteile gefällt hatten und nach 1945 in der BRD problemlos weiter amtieren konnten, gab es Veröffentlichungen unter anderem von Simon Wiesenthal mit Namen von DDR-Bürgern, die des Nazismus beschuldigt wurden. Ebenso agierte der Untersuchungsausschuss freiheitlicher Juristen.

1981 schloss sich Olaf Kappelt diesen Aktivitäten an. Er veröffentlichte das »Braunbuch DDR – Nazis in der DDR«. Nach dem Untergang der DDR sah auch Kappelt eine Gelegenheit, sich wiederum ins Spiel zu bringen. Er offerierte das Buch »Die Entnazifizierung in der SBZ sowie die Rolle und der Einfluss ehemaliger Nationalsozialisten in der DDR als ein soziologisches Phänomen«. Und lag damit im Zug der Zeit. Er reichte dieses Buch als Dissertation ein und erlangte von der Universität Würzburg 1997 den Doktor-Titel. Im Vorwort der als Buch veröffentlichten Dissertation betonte Kappelt: »Frühere NSDAP-Mitglieder fanden in allen Bereichen der DDR-Gesellschaft Zugang, sie konnten vordringen bis ins Zentrum der Macht, bis ins Zentralkomitee der SED, wo sie bis zuletzt ein beachtliches Beharrungsvermögen entwickelten. Die geschilderten Lebensläufe sind Beleg dafür, daß hier der Diktatur gedient wurde, in unterschiedlichen Zeitperioden, vor und nach 1945, oftmals lebenslänglich.«[1]

In dieser als Dissertation angenommenen Arbeit kündigte Kappelt an, er wolle untersuchen, »welche Rolle und welchen Einfluss sie (*die integrierten Nazis in der DDR – D. J.*) auf Staat und Gesellschaft ausübten«. (II/28)

Im Fortgang seiner Arbeiten kann man feststellen, dass ihm diese selbstgestellte Aufgabe wohl »entglitten« ist. Jedenfalls mangelt es an Beweisen. Was wohl auch verständlich ist, denn Nazistisches konnte von den »Integrierten« nicht und wollte auch nicht »eingebracht« werden. Und in einem möglicherweise dennoch gegebenen Fall konnte man sich einer Gegenwirkung gewiss sein.

Allerdings hat Kappelt sich seiner selbstgestellten Aufgabe dann mittels eines Drehs entzogen, indem er verkündete, man müsse sich bemühen, objektive Maßstäbe anzulegen, auch wenn diese den Nachteil beinhalten würden, »gelegentlich als zu formalistisch missverstanden zu werden. Aber formelle Kriterien wie Parteizugehörigkeit, Rang und Stellung im totalitären

Machtgefüge, erscheinen objektiver als die subjektive Gesinnungsbewertung und dürften eher soziologischen Anforderungen entsprechen.« (II/29)

In meiner Betrachtung wird es deshalb in erster Linie um die Lebensläufe gehen.

Auch in der erweiterten 2. Auflage 2009 ist Kappelt seiner antikommunistischen Diktion gefolgt. Er hat nicht einmal dort Korrekturen vorgenommen, wo inzwischen Materialien zugänglich wurden, die aus Gründen wissenschaftlicher Seriosität hätten genannt werden müssen. Mir ist es aus Platzgründen hier nicht möglich, jede im »Braunbuch DDR« genannte Person zu behandeln. Das scheint mir allerdings auch nicht notwendig, denn bei vielen der von Kappelt Auf- und Vorgeführten handelt es sich um Banales und Belangloses, was summarisch widerlegt werden kann. Das ist beispielsweise der Fall bei jenen Personen, die am 20. April 1944 – zu des »Führers Geburtstag« – als 18-Jährige in die NSDAP überführt wurden, wobei der »Eintritt« von den »neuen Mitgliedern« häufig nicht vollzogen, sondern kumulativ »erledigt« worden war. Bei nicht wenigen Personen sind lediglich Angaben gemacht worden, die über die Tatsache des Eintritts und/oder das Innegehabthaben bestimmter Funktionen informieren. Es gibt aber keine Aussagen, ob und wie sie diese Funktionen ausgeübt haben, also ob sie »im Amt« an Untaten beteiligt waren oder selbst welche verübten. Offenbar hat diese Praxis ihren Grund. Man kann auf diese Weise ein »Gleich und Gleich« konstruieren und von den sozialen Grundlagen dieses oder jenes Verhaltens absehen. In unserem Falle: von den tatsächlich gegebenen gesellschaftlichen Unterschieden.

Bei Kappelt sieht das so aus: »Die Mitwirkung ehemaliger Nationalsozialisten an der neuen Staats- und Gesellschaftsordnung war im Nachkriegsdeutschland keineswegs nur ein Gebrechen des westdeutschen Teilstaates. Auch die DDR war gekennzeichnet von der Wiederkehr derjenigen, die schon im Dritten Reich dozierten, Unternehmen führten, verwalteten und richteten. Diese bedenkliche personelle Hypothek wurde, wenn es um Fälle im Westen ging, durchaus öffentlich problematisiert. Im Osten blieb es bis heute im Bewusstsein der Öffentlichkeit ein Tabu-Thema.«[2] (III/105f.)

Dabei geht es überhaupt nicht um die Frage, ob und wie viele ehemalige Parteigänger des Nazismus im Westen und im Osten integriert werden konnten und wurden. Das eigentliche Problem ist die Wandlung, die die antidemokratischen und antikommunistischen Anhänger des deutschen Faschismus vor der Integration bzw. im Prozess der Integration im Inhalt ihrer Denk- und Verhaltensweise vollzogen hatten oder vollzogen.

Ein konkretes Beispiel mag das Problem illustrieren.

Anlässlich des 40. Jahrestages der *Spiegel*-Affäre – damals waren Rudolf Augstein und Mitarbeiter wegen des Vorwurfs des Landesverrats inhaftiert worden –, konnte man im *Spiegel* lesen: »Natürlich hatten die meisten der Juristen und Polizisten, die in Hamburg und fernab im Hintergrund den Schlag gegen Augsteins Magazin ausführten, ihre prägende Berufserfahrung schon während der Nazi-Zeit erlebt. In allen Sparten stützte sich die junge westdeutsche Republik nach 1949 auf zahlreiche Mitläufer und einige Funktionsträger des alten Regimes – sie saßen in der Politik wie in den Behörden, in Kirchen und Verbänden wie in vielen Medien (auch im *Spiegel*)«.[3]

Die härteren Repressionen gegen Links waren da schon längst Geschichte. Und sie waren von anderer und durchgreifenderer Art gewesen als die Besetzung der Redaktion des *Spiegel*. Die Kritik der DDR an der nachsichtigen Behandlung von Ex-Nazis und ihre Einbeziehung in die bundesrepublikanische Gesellschaft bezog sich auf die Tatsache, dass die in der Nazizeit entwickelte und praktizierte antikommunistische Haltung toleriert wurde. Ohne Probleme passten diese Überzeugungen in die neue Zeit. Sie passten nicht nur – sie wurden gebraucht im Kampf gegen den neuen Feind, der der alte war. Innenpolitisch wie außenpolitisch. Natürlich demokratisch gemäßigt und gemildert. Aufträge zur Ermordung politischer Gegner wurden ja nicht mehr erteilt.

Man muss in diesem Kontext schon daran erinnern, was die Zielstellung der Nazibewegung unter Hitler gewesen war.

Die NSDAP, die Nationalsozialistische Arbeiterpartei, war in ihrer Grundorientierung pro-kapitalistisch und anti-sozialistisch. Um das zu wissen und zu verstehen, muss man nicht unbedingt Hitlers »Mein Kampf« gelesen haben. Man kann sich beispielsweise informieren aus den Büchern des DDR-Historikers Kurt Gossweiler. Bei ihm ist unter anderem die »Denkschrift (Aufbau der Nationalsozialistischen Deutschen Arbeiterpartei)« vom 22. Oktober 1922 wiedergegeben. Es heißt dort unmissverständlich: »Die Bolschewisierung Deutschlands […] bedeutet die Vernichtung der gesamten christlich-abendländischen Kultur überhaupt. In der voraussehenden Erkenntnis dieser Katastrophe und der Unzulänglichkeit der Mittel zu ihrer Abwehr wurde […] die Nationalsozialistische Deutsche Arbeiterpartei gegründet. Ihr Ziel heißt ganz kurz: Vernichtung und Ausrottung der marxistischen Weltanschauung.«[4]

Mit welch energischer Konsequenz die »gesinnungstreue« bundesdeutsche Justiz bei der Beseitigung der kommunistischen Bewegung in der BRD wirkte, ist bekannt. Es sei hier beispielsweise an Karl-Heinz Ottersbach erinnert, der im faschistischen Deutschen Reich als Staatsanwalt beim Sondergericht Kattowitz wütete und bis Frühjahr 1965 als Staatsanwalt an der politischen Sonderstrafkammer in Lüneburg sein Unwesen trieb. »Ottersbach knüpfte unmittelbar an seine Sondergerichtsbarkeit an. Das gab er unumwunden in der rechtswidrigen Hauptverhandlung gegen den DDR-Bürger Paul Butschek am 13. Mai 1960 zu, indem er äußerte: ›Aus Ihrer Inhaftierung in den Jahren 1933 bis 1945 haben Sie nichts gelernt.‹

Ottersbach erklärte weiter, man müsse gegen Herrn Butschek, den er als ›unverbesserlichen kommunistischen Funktionär‹ bezeichnete, ein Exempel statuieren und beantragte acht Monate Gefängnis. Butschek hatte Gespräche mit DGB-Kollegen geführt!«[5]

Dass die SBZ/DDR die Weisung des Befehls Nr. 204 vom 23. August 1947 der Sowjetischen Militäradministration, ehemalige Mitglieder der NSDAP und ihrer Gliederungen zur Ausübung eines Richter- oder Staatsanwaltsamtes *nicht* zuzulassen, grundsätzlich erfüllte, hatte durchaus Sinn. Auf diese Weise sollte verhindert werden, dass altes »Gedankengut« verbreitet und in Hinkunft möglicherweise auf nachfolgende Justizfunktionäre übertragen würde.

Ein Beispiel dafür, wie es in der BRD – und damit anders als in der DDR – war, soll das Problem verständlich machen. Zitiert wird aus der Ausgabe vom 24. Dezember 1959 des *Vorwärts*, dem Wochenblatt des SPD-Vorstandes.

»Der Staatsanwalt von Lücken erhob sich und begann sein Plädoyer. Er schilderte, wie das ehemalige Mitglied der KP Kronmüller auch nach dem Verbot durch das [...] Bundesverfassungsgericht seine verfassungsfeindliche Tätigkeit fortgesetzt hat. Er schloss mit den Worten: ›Straferschwerend kommt hinzu, dass der Angeklagte bereits wegen solcher Tätigkeit hart bestraft worden ist. Das hat aber nichts genutzt. Ich beantrage daher gegen ihn eine Gefängnisstrafe von zwei Jahren und sechs Monaten.‹ Die Bestrafungen, auf die sich Herr von Lücken bezog, datierten aus den Jahren 1933 (zwei Jahre Zuchthaus) und 1940 (fünf Jahre Zuchthaus). Der Prozessgegenstand war damals ›Wehrkraftzersetzung‹. [...]

Der Staatsanwalt von Lücken ist keiner von jenen Richtern und Beamten der Staatsanwaltschaft, die bereits vor 1945 Recht sprachen. Dazu ist er zu jung. Wie, so wird man sich fragen, kommt er zu dieser Betrachtungsweise, die keineswegs einem lapsus linguae entspricht, wie er auf Befragen zugeben musste?«[6]

Es ist mithin nicht die respektable Anzahl der aus der Nazizeit übernommenen Kader beispielsweise in die bewaffneten Einheiten der Bundeswehr und in Zeitungs- und Zeitschriftenredaktionen, sondern es war die damit verbundene ideologische Grundhaltung, die übernommen wurde. Und das war und ist der Antikommunismus. Es ist kein Geheimnis, dass schon gegen Ende der Naziherrschaft Churchill mit antikommunistischem Blick auf die gewachsene Rolle der Sowjetunion verärgert erklärte, man habe das falsche Schwein geschlachtet. Das Entscheidende für die sich entwickelnde bundesdeutsche Gesellschaft war und blieb die konsequente antikommunistische Position der in einflussreichen Aufgabenbereichen Wirkenden. Und dort konnten gerade die Ungewandelten Leistung zeigen. Sie waren Multiplikatoren des reaktionären Ungeistes der Vergangenheit.

Im Besondern erwies sich der aus der Nazizeit mitgenommene Antikommunismus als geistige Grundlage bei der Verfolgung von Angehörigen der Kommunistischen Partei Deutschlands und der Friedensbewegung. Dort gab es scheinbar eine ungebrochene Tradition.

Nicht grundlos formierte sich die »Initiativgruppe für die Rehabilitierung der Opfer des Kalten Krieges«, deren Anliegen darin besteht, die Bürgerinnen und Bürger der Bundesrepublik zu rehabilitieren, welche nach dem Inkrafttreten des 1. Strafrechtsänderungsgesetzes (»Blitzgesetz«) 1951 wegen ihres Engagements für die friedliche Wiedervereinigung und den Abschluss eines Friedensvertrages mit Deutschland, gegen Remilitarisierung und wegen Widerstandes gegen die Renazifizierung des Staatsapparates politisch verfolgt und zum Teil zu hohen Haftstrafen durch die politische Sonderjustiz verurteilt wurden.[7]

Zweifellos war der Höhepunkt das Verbot der KPD. In der Folgezeit wurden weitere Vereinigungen verboten. Im Ergebnis des »Adenauer-Erlasses« von 1950 war der öffentliche Dienst von sogenannten kommunistischen Elementen gesäubert worden. Viele ehemalige Gestapo-Beamte und SS-Angehörige hingegen besetzten hohe Posten bei Justiz, Polizei und Geheimdiensten. Die im »Kampf gegen den Bolschewismus« bewährten Fachleute, welche in der Jagd auf politische Gegner nachgewiesenermaßen bestens geübt waren, hielt man für berufen, die neue bundesdeutsche Verfassung zu schützen.[8]

Kappelt arbeitet wissenschaftlich unsauber

Kappelt arbeitete nicht nur pauschal, sondern auch im Detail ungenau und unsauber. Anschuldigungen wurden damals formuliert, mögliche Aufklärungen oder Richtigstellungen aber, die in der Zwischenzeit an Hand von Dokumenten möglich waren, unterblieben in der 2. Auflage. Das fällt besonders auf, wenn Angaben von 1981 unverändert auch 2009 gemacht werden, obwohl sie bereits 1981 der Korrektur bedürftig waren und nunmehr hätten korrigiert werden können.

Dass sich Kappelt insbesondere auf Angaben von Simon Wiesenthal stützt, kann man nur bedauern, ist aber wohl seiner Absicht geschuldet.

Wiesenthal war ein konsequenter Antikommunist und hat hemmungslos Anschuldigungen insbesondere auch gegen die DDR erhoben, die er im Regelfall nicht beweisen konnte und wollte. Ich erinnere nur daran, dass er nach 1990 ankündigte, er wolle umfangreiche Namenslisten von in der DDR verborgenen Nazis veröffentlichen. Ich bat ihn schriftlich, mir diese Liste zu übermitteln. In seiner Antwort verwies er lediglich auf die von ihm vor langer Zeit veröffentlichte Liste von nazistischen Journalisten in DDR-Diensten.

Eine erneute Bitte bezüglich der von ihm angekündigten großen Liste wurde schon nicht mehr beantwortet. Aber stolz wiederholte er bei jeder Gelegenheit, er habe »39 Nazis, die in der DDR-Presse leitende Positionen hatten […] enttarnt. Der 40. war der Minister für Information. Dann habe ich 50 Nazis in der DDR-Volkskammer ermittelt und 100 Naziprofessoren. Wer hat sich damit befasst? Etwa die Frau Beate Klarsfeld? Wer hat denn ermittelt außer mir?«[9]

Kappelt kam also bei Wiesenthal nicht vor. Das mag diesen durchaus betrübt haben.

Lang und breit stellt Olaf Kappelt in seiner Einleitung der 2. Auflage des »Braunbuches DDR« dar, wie das MfS auf die Erstauflage seines Buches reagiert habe. Ob die von Erich Mielke gegen Kappelt angeordneten Ermittlungen in Kappelts Umfeld 1981 nötig waren, steht dahin. Wie immer in solchen Fällen sollten auch hier Hintergründe und Hintermänner aufgeklärt werden. Die Publikation richtete sich zwar nicht gegen die Sicherheit der DDR, wohl aber gegen den Staat als Ganzes.

Kappelt beklagt an mehreren Stellen in der Neuauflage diese Nachforschungen und erklärt sich, wie heutzutage üblich, zum Opfer. »Welche beruflichen und persönlichen Schäden für mich daraus entstanden, es blieb leider bis heute weitestgehend ungeklärt.« (III/14)

Allerdings will er wissen, dass es der Staatssicherheit gelungen sei, seine Absichten zu realisieren, nämlich ihn »aus der aktiven Arbeit bestimmter Feindorganisationen wie dem Brüsewitz-Zentrum und auch aus (seiner) beruflichen Stellung als Geschäftsführer bei der CDU in Norddeutschland herauszudrängen.« (III/15)

Auf der anderen Seite scheint ihm die Feststellung wichtig, dass das MfS konstatiert hätte, seinem »Braunbuch DDR« wäre im Vergleich mit ähnlichen westdeutschen Publikationen »eine gewisse neue Qualität nicht abzusprechen«. (III/15) Ob dies nun, wie angenommen, ein positives Urteil gewesen sei, wage ich ernstlich zu bezweifeln. Denn »neue Qualität« heißt ja nicht besser. Den sachkundigen Bearbeitern im Ministerium dürften die Defizite, Mängel, Flüchtigkeitsfehler und Oberflächlichkeiten keineswegs entgangen sein.

Das gilt im übrigen auch für die Neuauflage. Es scheint Prinzip zu sein, Forschungen und Erkenntnisse anderer, die in den verflossenen Jahrzehnten zu Themen und Personen gemacht wurden, zu ignorieren. Kappelt ficht das nicht an. Er beharrt auf überholten Positionen, weil es die seinen sind.

Stattdessen nimmt er die Tatsache, dass seine Feststellungen das MfS veranlassten – wie sich unschwer aus den Unterlagen der BStU feststellen ließ –, einige Personen und Lebensläufe von DDR-Bürgern zu überprüfen, gleichsam als Autoritätsbeweis, dass er Recht gehabt hätte. Auch da ist er Opfer. Allerdings seiner Autosuggestion. Im MfS interessierte man sich grundsätzlich für die Vorgeschichte der DDR. Es gehörte zum Gründungsauftrag des Ministeriums, Nazi- und Kriegsverbrechen aufzuklären und diese juristisch zu verfolgen. Man ging jedem Hinweis nach, auch solchen, die sich später als irrelevant erwiesen.

Und es erfolgte eine Einzelfallüberprüfung. Auch in dieser Hinsicht unterschied sich diese Überprüfung von der Valuierung nach dem Ende der DDR. Da wurden Einzelfallentscheidungen prinzipiell abgelehnt und ganze Berufsgruppen geächtet und entlassen. »Tut nichts! Der Jude wird verbrannt!«, hieß es schon in Lessings »Nathan, der Weise«.

Eine solche Einzelfallüberprüfung stellte in Rechnung, wie jemand mit seiner Vergangenheit umging. Ob er sich für die DDR engagierte, sich durch gute Arbeit für die Gesellschaft als einer zu erkennen gab, der aus seinen Irrtümern und Fehlern gelernt und die richtigen Schlüsse gezogen hatte. Nicht nur die Bibel räumte die Möglichkeit ein, dass einer vom Saulus zum Paulus werden konnte. Auch der Marxismus ging von der Veränderung, von der Erziehbarkeit des Menschen aus.

Hatte sich jemand jedoch schuldig gemacht im Sinne der Gesetze, hatte er Verbrechen verübt oder war an solchen aktiv beteiligt gewesen, wurde er juristisch verfolgt. Ein Nazirichter, der Todesurteile gefällt hatte, konnte sich mit dem Hinweis, was gestern Recht war, könne heute nicht Unrecht sein, in der DDR seiner Verfolgung nicht nur nicht entziehen. Er hätte weder Richter noch sonst ein politisches Amt bekleiden können. Die DDR hielt sich strikt an Befehl Nr. 201 der Sowjetischen Militäradministration zur Entnazifizierung. Der Historiker Wolfgang Benz, seit 1990 Leiter des Zentrums für Antisemitismusforschung an der TU Berlin, schreibt in »Legenden, Lügen, Vorurteile. Ein Wörterbuch zur Zeitgeschichte«, dass in der sowjetischen Besatzungszone am konsequentesten entnazifiziert wurde und die Prozedur am schnellsten beendet war. Sie habe, so schreibt Benz, auch in engem Zusammenhang mit dem Umbau des ganzen Gesellschaftssystems gestanden, wie ihn die sowjetische Besatzungsmacht betrieb. Die innere Verwaltung sei von ehemaligen Nationalsozialisten vollständig gesäubert worden, ebenso die Justiz. Dort habe man 90 Prozent des Personals entlassen. »Die Mühen, ganz neue Leute auszubilden, und die daraus entstehenden Engpässe nahm man bewusst in Kauf.«[10]

Dieser letzte Satz ist insofern von Bedeutung, weil diejenigen in der Bundesrepublik, die diese Grundsäuberung nach 1945 unterlassen haben, als Begründung stets auf die Probleme eines Mangels an »Fachleuten« verwiesen. In der Rückschau muss man sich allerdings fragen, ob es sinnvoll war, dem Abschotten und Geheimhalten der Integration ehemaliger Nationalsozialisten gegenüber der DDR-Bevölkerung Priorität einzuräumen, anstatt die Tatsachen offensiv zu behandeln und zu erklären.

Die waren nicht durch Verschweigen aus der Welt zu schaffen. Zumal hinter vorgehaltener Hand seit Jahren Kenntnisse des relevanten Inhalts der Publikationen des sogenannten Untersuchungsausschusses freiheitlicher Juristen (UfJ) über »Nazis in Pankows Diensten« verbreitet wurden, weil sie nicht geheim blieben und bleiben konnten. Dabei hätte allein der Umstand, dass zum einen die Anzahl der ehemaligen organisierten Nazianhänger nicht unbekannt war bzw. blieb und zum anderen nach 1945 Beschlüsse der KPD veröffentlicht wurden, die den Umgang mit ehemaligen Nazianhängern behandelten, die Möglichkeit einschloss, offen darüber zu reden, warum man sich gestandene Antifaschisten so »kooperativ« gegenüber ehemaligen Anhängern das Nazismus verhielten.

Geht man von annähernd acht Millionen Mitgliedern der NSDAP aus, mussten diese ja »irgendwo« geblieben sein, zumal ganz offenkundig nicht alle in den Westen ausgewandert waren.

Spätestens in den 60er Jahren hätte überlegt werden müssen, wie man erklären konnte, dass in der DDR geläuterte NS-Anhänger auch in verantwortlichen Positionen und Aufgabenbereichen wirksam sein konnten, ohne dass es einen Konflikt bezüglich der sozialistischen Denk- und Verhaltenweisen geben konnte und musste. Zumal es Beschlüsse gab, die darlegten, wie mit den ehemaligen Anhängern des nazistischen Systems nach Ablauf einer gewissen Frist umgegangen werden sollte und konnte.

Am 30. Juni 1946 wurde vom Parteivorstand der SED der Beschluss »SED und nominelle Pgs« veröffentlicht. Darin heißt es, dass ein Jahr seit dem Zusammenbruch des Naziregimes vergangen sei. Die demokratischen Selbstverwaltungen seien neu aufgebaut und von nazistischem Einfluss gesäubert worden. Unnachgiebig werde der Kampf zur Unschädlichmachung der hitlerschen Kriegsverbrecher und Naziaktivisten weitergeführt. Das gesamte gesellschaftliche Leben müsse von allen Resten des faschistisch-militaristischen Geistes gesäubert werden und in den Händen überzeugter Demokraten liegen.

Und dann heißt es weiter: »Auch die nominellen Mitglieder der NSDAP haben auf Grund ihrer Mitgliedschaft zur Nazipartei einen Teil Schuld und Mitverantwortung für die verbrecherische Hitlerbande auf sich geladen. In dem verflossenen Jahre haben aber zahlreiche ehemalige einfache Mitglieder der Hitlerpartei in den Gemeinden und Städten loyal beim demokratischen Wiederaufbau mitgearbeitet. Sie haben damit bekundet, dass ihre frühere Einstellung falsch war, andere sind auf dem Wege, anzuerkennen, daß sie nur durch Eingliederung in die demokratische Ordnung und durch eigene praktische Mitarbeit wieder gutmachen können, was sie in der Vergangenheit an Schuld auf sich geladen haben.«

Es sei der Zeitpunkt gekommen, das Problem der Eingliederung der Massen der ehemaligen einfachen Mitglieder und Mitläufer der Nazipartei in den demokratischen Aufbau einer Lösung entgegenzuführen. Jene früheren einfachen Mitglieder der Nazipartei, die nicht besonders belastet seien und sich aktiv an der neuen demokratischen Ordnung betätigen, »sollen als Staatsbürger anerkannt und behandelt werden«.

Begrüßt wurde die im Land Sachsen praktizierte Unterscheidung zwischen aktiven und nominellen Nazis sowie die Praktizierung des Volksentscheids über die Enteignung der Betriebe der Kriegsverbrecher und aktiven Nazis.

Von der Volksabstimmung waren ausgeschlossen die Kriegsverbrecher und aktiven Nazis. Alle übrigen ehemaligen nominellen Mitglieder der liquidierten Nazipartei konnten als Staatsbürger an der Volksabstimmung teilnehmen. »Es wurde also eine klare Unterscheidung zwischen den Kriegsverbrechern und aktiven Nazis einerseits und den Massen der nominellen Mitglieder der NSDAP andererseits getroffen.« [11]

Kappelt nennt weder Ross noch Reiter

Am 16. August 1947 erging der Befehl Nr. 201 der Sowjetischen Militär-Administration »Richtlinien zur Anwendung der Direktiven Nr. 24 und Nr. 38 des Kontrollrats über die Entnazifizierung«.

Verwiesen wird in dem Befehl Nr. 201 auf eine Sitzung der Außenminister in Moskau, bei der bestimmt wurde, »einen Unterschied zu machen zwischen ehemaligen aktiven Faschisten, Militaristen und Personen, die wirklich an Kriegsverbrechen und Verbrechen anderer Art, die von den Hitleristen begangen wurden, schuldig sind, einerseits, und den nominellen, nicht aktiven Faschisten, die wirklich fähig sind, mit der faschistischen Ideologie zu brechen und zusammen mit den demokratischen Schichten es deutschen Volkes an den allgemeinen Bemühungen zur Wiederherstellung eines friedlichen demokratischen Deutschlands teilzunehmen, andererseits, eine allgemeine gerichtliche Belangung sämtlicher ehemaliger nominellen, nicht aktiven Mitglieder der Nazipartei würde nur der Sache des demokratischen Aufbaus Deutschlands schaden und dazu beitragen, daß die Positionen der Überbleibsel der faschistischen, militaristischen Reaktion gefestigt werden.«

Es wird bestimmt, neben dem aktiven nun auch das passive Wahlrecht zu gewähren. Es sollten Maßnahmen ergriffen werden, um die Durchführung der Entnazifizierung zu beschleunigen und diese abzuschließen. Die deutschen Gerichtsorgane sollen sich darauf konzentrieren, Kriegsverbrecher, Mitglieder verbrecherischer Naziorganisationen und führende Persönlichkeiten des Hitlerregimes zur Verantwortung zu ziehen. »Zugleich ist eine allgemeine gerichtliche Belangung der nominellen, nicht aktiven Mitglieder der Nazipartei nicht zulässig.«

Die deutschen Verwaltungsorgane wurden dafür verantwortlich gemacht, dass die ehemaligen aktiven Faschisten und Militaristen von allen öffentlichen und halböffentlichen Posten und den entsprechenden Posten in den wichtigen Privatbetrieben entfernt werden. Das war eine unumgängliche Realpolitik, die weder etwas mit Schönfärberei noch mit Verschleierung zu tun hatte. Schon gar nicht war es eine Form der Implantation nazistischen Denkens, wie Kappelt es beispielsweise in seiner Dissertation behauptet.

Für die Führung der SED war dieser SMA-Befehl Anlass, am 24. September 1947 zu erklären, sie sehe es als Aufforderung an, bei gleichzeitiger Fortsetzung des Kampfes um die Ausmerzung der aktiven Nazis, »den ehemaligen nominellen Mitgliedern der Nazipartei durch Einbeziehung in die Massenorganisationen Gelegenheit zur aktiven Mitarbeit am demokratischen Aufbau zu geben. Über ihre Aufnahme in die Sozialistische Einheitspartei Deutschlands ist nach Bewährung in diesen Organisationen in jedem einzelnen Falle zu entscheiden.«[12]

Besonders originell sei es, wird in einer Rezension zum »Braunbuch-DDR« von 2009 betont, dass die »Tätigkeiten davor und danach« ausgewiesen würden. Kappelt nenne Ross und Reiter.[13]

Es wäre in der Tat zu begrüßen gewesen, wenn Kappelt dies getan hätte. Aber genau das blieb er den Lesern schuldig!

Die DDR hat in ihren Verlautbarungen über Nazis in bundesdeutschen Diensten stets Wert darauf gelegt, Verantwortliche und Verantwortlichkeiten zu benennen. Das betraf sowohl die nachgewiesenen Verbrechen wie auch die Funktionen im faschistischen System. Einfache Mitgliedschaft, insbesondere bei jungen Menschen, war nicht relevant, solche Fälle blieben unerwähnt.

Kappelt hingegen operiert mit dem Wort »NS-Belastung«. (III/78)

Was ist darunter zu verstehen?

Allein der Eintritt in die NSDAP »belastete«.

Und zwar dann, wenn das Leben nicht nach dem 8. Mai 1945 endet, der Betreffende danach ein ordentliches Leben führt und erkennen lässt, dass er Schlüsse aus seiner Vergangenheit gezogen hat und sich geändert hat.

Ein Beispiel zur Illustration:

»Kurt Debes: Vor 1945: Postschaffnersohn, 1930 bis 1934 Lehre als Polsterer und Dekorateur, anschl. bis 1939 Autopolsterer, am 1.5.1937 Eintritt in die NSDAP, Mitglieds-Nr. 5 957 451, Angehöriger der Ortsgruppe Eisenach (Gau Thüringen), Teilnehmer am 2. Weltkrieg, Kriegsgefangenschaft.«

Soweit also eine Biographie wie die von Millionen Deutschen.

»Nach 1945: erneute politische Betätigung (*wieso erneute und wie überhaupt? Der Autopolsterer Debes hat sich nachweislich bis dahin nie politisch betätigt – D. J.*), selbständiger Handwerker in Eisenach, 1950 Meisterprüfung, 1952 Eintritt in die NDPD, ab 1953 Schöffe beim Kreisgericht Eisenach, Mitglied der Volkssolidarität, Gründer der ersten Produktionsgenossenschaft das Handwerks (PGH) im Kreis Eisenach und seit 1958 1. Vorsitzender der PGH ›Wartburg‹ für Dekorateure und Polsterer in Eisenach, von 1958 bis 1967 ABGEORDNETER der VOLKSKAMMER (*Hervorhebung im Original – D. J.*), 1957 bis 1961 Stadtverordneter in Eisenach und Mitglied der Ständigen Kommission für Arbeit und Berufsausbildung, Vorstandsmitglied der Kreisgeschäftsstelle Eisenach der Handwerkskammer des Bezirks Erfurt, 1966, 1970 und 1978 Wahl in den ZENTRALVORSTAND der GESELLSCHAFT für DEUTSCH-SOWJETISCHE FREUNDSCHAFT (*Hervorhebung im Original – D. J.*)« (III/294).

So also sieht laut Kappelt ein »Nazi in Pankows Diensten« aus.

Kappelt: Aus einem faschistischen Saulus wird nie ein sozialistischer Paulus

Kappelt akzeptiert eine antinazistische Läuterung bei DDR-Bürgern auch dann nicht, wenn sie diese durch ihren Einsatz für die neue Gesellschaft, die dem Nazismus diametral entgegengesetzt war, nachweislich und glaubhaft demonstrierten.

Einmal NSDAP, immer Nazi, lautet die unausgesprochene Botschaft. Allerdings nur, wenn es sich um DDR-Bürger handelte.

Die gleiche Ignoranz herrscht in Bezug auf Eintrittalter, -jahr und -umstände. Es macht schon einen erheblichen Unterschied, ob einer 1933 freiwillig in die Nazipartei eintrat oder als 18-Jähriger am 20. April 1944, an Hitlers Geburtstag, unwissentlich und ungefragt aufgenommen wurde. Man gehe nur ins Internet und gebe bei *Google* »Prominente NSDAP-Mitglieder« ein, und schon findet man dort eine Reihe von Persönlichkeiten, die – durchaus zu Recht – erklärten, dass sie von ihrer publik gemachten NSDAP-Zugehörigkeit bis dato keine Ahnung hatten. Das hat weder etwas mit Verdrängen oder Verschweigen zu tun.

Man durchforste Kappelts Listen nur einmal nach dem Eintrittsdatum und wird dort eine Häufung am 20. April 1944 feststellen ...

Mit der Attitüde des auch in dieser Hinsicht Verständnisvollen setzt Kappelt dennoch bereits 1981 ein Gleichheitszeichen zwischen Hitlerreich und DDR. »Eine Veröffentlichung der NS-Vergangenheit von führenden

Funktionären in der DDR erfolgt nicht, um diesen Personen ihre bloße nominelle Mitgliedschaft in der NSDAP vorzuwerfen, keinem soll das Recht auf politischen Irrtum abgesprochen werden.

Aber festzuhalten bleibt, dass die Nazis in der DDR offensichtlich aus den Verfehlungen nichts gelernt haben, denn heute dienen die gleichen Leute, die sich auf ›Jugendsünden‹ berufen, erneut einem totalitären Regime, nur unter veränderten historischen Bedingungen. Außerdem muß politischer Irrtum dort seine Grenze haben, wo er zur Beteiligung an Unrechtsmaßnahmen führt. Heute wie damals tragen viele der im ›Braunbuch DDR‹ genannten Funktionäre Schuld an der realen Gewaltpolitik in Deutschland. Besonders hart ist dies für die Menschen in der DDR, die nun schon seit 1933 unter einer Diktatur leben müssen.« (I/16)

Im Einstieg seines Buches von 2009 ist Kappelt etwas zurückhaltender. Er wolle »keine undifferenzierte Gleichsetzung von zwei unterschiedlichen Diktaturen auf deutschem Boden«. (III/17) Es gelte eine solche Gleichsetzung von NS-Diktatur und SED-Regime entschieden abzulehnen. »Aber die doppelte Diktaturerfahrung aufzuarbeiten, ist ein Gebot zeithistorischer Objektivierung. Es wäre eine unstatthafte selektive Betrachtung, Gemeinsamkeiten sowie personelle Identitäten zwischen nationalsozialistischer Herrschaft und DDR-System zu verkennen und zu tabuisieren, nur weil eine vergleichende Analyse möglicherweise politisch nicht opportun erscheint.« (III/18)

Kappelt ist vom Zeitgeist durchdrungen. Wir wollen nicht gleichsetzen, nur vergleichen, lautet der. Was können wir dafür, wenn das Personal der braunen und der roten Diktatur identisch oder aus dem gleichen Holze ist?

Kappelt disqualifiziert sich als Wissenschaftler allein dadurch, dass er gegenteilige Meinungen nicht zur Kenntnis nimmt[14] und Vermutungen mit dem Brustton fester Überzeugung selbst dann noch kolportiert, wenn der Nachweis seines Irrtums bereits gedruckt vorliegt. Nehmen wir die Seiten 35 bis 38 seines Buches unter der Überschrift »Furchtbare Juristen«.

Kappelt beginnt mit den Worten: »Juristen, die im Dritten Reich den Unrechtsstaat verkörperten, fanden auch in der DDR eine schnelle Weiterverwendung«. (III/35) Dann nennt er die »furchtbaren Juristen« der DDR – zehn Personen.

Abgesehen von dem besonderen Fall Arno von Lenski, der Beisitzer des Volksgerichtshofes war, gibt es bei den übrigen nicht einen einzigen Hinweis darauf, dass sie an Justizverbrechen in irgendeiner Weise mitgewirkt hätten – weder in diesem Überblicksabschnitt noch bei den alphabetisch Abgehandelten.

Worauf gründet Kappelt seine Behauptung, es seien »furchtbare Juristen« gewesen?

In seiner Aufzählung tauchen drei Namen auf, die weder bei den Nazis noch später in der DDR mit der staatlichen Justiz das Geringste zu tun hatten.

Kappelt kaschiert das wohl auch von ihm erkannte Problem: »Nicht nur Zivil- und Militärjuristen des Dritten Reiches reüssierten nach dem Krieg in der DDR, auch Angehörige der NSDAP-Parteigerichtsbarkeit konnten im System der Staats- und Parteibürokratie der DDR erfolgreich ihre Laufbahn fortsetzen.« (III/37)

Und nennt Sebastian von Stein zu Lausnitz, Karl-Heinrich Barthel und Hugo Morgenroth. Der erste war Mitglied des NSDAP-Kreisgerichts Dresden, der zweite Vorsitzender des NSDAP-Kreisgerichts in Frauenstadt und anschließend in Jauer, und Morgenroth war von 1943 bis 1945 Landgerichtsrat.

Alle drei waren nach 1945 nicht mehr in der Justiz tätig. Auch Siegfried Dallmann, den Kappelt an dieser Stelle aufführt, war nicht in der DDR-Justiz beschäftigt, sondern Vorsitzender des Verfassungs- und Rechtsausschusses der DDR-Volkskammer.

Es ist nicht möglich, hier alle von Kappelt aufgeführten Personalien unter die Lupe zu nehmen. Ich kann lediglich darauf aufmerksam machen, dass Kappelt mit seinem Herangehen an das Thema sich unverändert in der Phalanx jener behauptet, die mit aller Macht zu beweisen versuchen, dass es einen antifaschistischen Grundkonsens des sozialistischen Staates DDR nicht gab.

Um seinen »theoretischen Teil« (S. 13-247) gruppiert Kappelt Biografien, er sortiert nach Aufgaben und Arbeitsbereichen. Stets ist die Diktion unmissverständlich.

Bei der Vorstellung von Rolf Weissbach beispielsweise liest sich das so: »Als bester Schüler von NS-Rundfunkgründer Dreßler-Andreß entwickelte sich nach dem Krieg Rolf Weissbach, der als Chefredakteur von *Radio Berlin international* und von 1970 bis 1986 als stellvertretender Vorsitzender vom Staatlichen Komitee für Rundfunk in der DDR wirkte. Vor 1945 zählte Weissbach zu den NSDAP-Mitgliedern in Chemnitz.« (III/28)

Diese Angaben werden im »Biographischen Anhang« weitergeführt: »Weissbach, Rolf (NSDAP/SED) […] Vor 1945: Angestelltensohn, Angehöriger des Reichsarbeitsdienstes (RAD), am 1. 9. 1941 Eintritt in die NSDAP, Mitglieds-Nr. 8 844 131, Angehöriger der NSDAP-Ortsgruppe Chemnitz im NSDAP-Gau Sachsen, Teilnehmer am 2. Weltkrieg, amerikanische Kriegsgefangenschaft.«

Soviel zur »nazistischen Belastung«.

Es folgt im Text dann die Darstellung von Weissbachs Tätigkeit nach 1945. (III/563)

Oder Lothar Berthold.

»Einflussreicher Chefideologe und Direktor des Instituts für Marxismus-Leninismus und Leiter der Abteilung ›Geschichte der deutschen Arbeiterbewegung‹ beim SED-Zentralkomitee war Lothar Berthold, dem seine NSDAP-Mitgliedschaft als Jugendsünde offensichtlich verziehen wurde.«

Es folgt dann die Aufzählung von Bertholds weiteren Funktionen in der DDR. (III/28 f.)

Und im »Biographischen Anhang« heißt es bei Berthold: »* 30.08.1926 […] Vor 1945: Zollbeamtensohn, Abitur, 1943/44 Luftwaffenhelfer, Angehöriger des Reichsarbeitsdienstes (RAD), am 20.4.1944 Eintritt in die NSDAP gemäß Aufnahme-Antrag vom 10.2.1944, Mitglieds-Nr. 10 006 707, Angehöriger der NSDAP-Ortsgruppe Hamburg, 1944/45 Teilnehmer am 2. Weltkrieg, Angehöriger der deutschen Wehrmacht im Rang eines Unteroffiziers.«

Es folgt der Text für die Zeit nach 1945. (III/271)

Diese Methodik hat zur Folge, dass man nicht wenige Namen an verschiedenen Stellen des Buches zu lesen bekommt, was keineswegs ein Vergnügen ist. Das scheint weniger Ausdruck mangelnder Fähigkeit des Autors oder des Lektors gewesen zu sein, dem Ganzen eine innere Struktur zu geben, die klar und übersichtlich ist. Das ist offensichtlich Absicht. So macht man aus wenigen Namen scheinbar viele.

Das ist so ärgerlich wie die bereits erwähnte Ignoranz gegenüber Forschungsergebnissen anderer. Darstellungen und Publikationen, die nach seiner 1. Auflage vor nahezu drei Jahrzehnten öffentlich wurden, existieren für Kappelt nicht.

Das ist ungefähr, als würde ein unsterblicher Claudius Ptolomaeus, der nach Beginn der Zeitrechnung die Erde zum Mittelpunkt des Weltalls erklärte, selbst nach Kopernikus und Brahe noch immer behaupten, alle Sterne kreisten um unsere Mutter Erde.

Die *Berliner Zeitung* veröffentlichte etwa einen Leserbrief von Karl-Heinz Arnold, in dem dieser schrieb, dass sich aus den Akten des ehemaligen Document Centers der USA tatsächlich ergebe, dass er 1943 in die NSDAP aufgenommen worden sei. »Was nicht in den Akten steht: Als 17-jähriger Primaner bin ich zusammen mit anderen Schülern ungefragt zum NSDAP-Anwärter gemacht worden, in HJ-Uniform angetreten, sieben Tage vor dem Einrücken zu Arbeitsdienst und nachfolgend Wehrmacht. Über den Status eines Anwärters bin ich nicht hinausgekommen, habe auch nie ein NSDAP-Parteibuch erhalten.«[15]

Kappelt kennt vermutlich diese Praxis. Aber das interessiert ihn im Falle Arnolds nicht. Der war schließlich einer der bekanntesten Journalisten der DDR, war an der Erarbeitung der DDR-Verfassung beteiligt und 1989/90 persönlicher Mitarbeiter von Ministerpräsident Hans Modrow. Und deshalb findet sich in der Ausgabe 2009 bei Kappelt nicht einmal einen Hinweis auf den in der Tagespresse veröffentlichten, richtigstellenden Einwand Arnolds. Selbst wenn er Arnold nicht folgen mag. Wissenschaftliche Objektivität hätte eine solchen Hinweis dokumentieren müssen.

Nicht bei Kappelt. Und so hält er es mit allem und bei allen.

Gold, Schneider, Müller

Der »Biografische Anhang« Kappelts füllt die Seiten 248 bis 583 der 2. Auflage von 2009. Beim Einstieg in die Materie gibt Kappelt sich theoretisch. Das geschieht, wie bereits erwähnt, indem er die Personen nach Sach- und Aufgabengebieten in der DDR geordnet benennt und mehr oder weniger ausführlich »vorstellt«.

Im Einzelnen werden in alphabetischer Reihenfolge etwa 1.000 Personen mehr oder weniger ausführlich behandelt. Die Kommentare im »theoretischen« Einleitungsteil (ca. 240 Seiten) sind holzschnittartig textiert.

Allerdings werden bis auf ganz wenige Ausnahmen die behaupteten »Verbrechen« weder im »theoretischen« noch in dem biografischem Teil benannt.

Exemplarisch die Ausführungen zu Franz Gold, auf die ich hier eingehen möchte.

Im »Braunbuch DDR« von 1981 heißt es zu Gold: »Geb. am 10.10.1913 in Böhmen […] Am 1.11.1938 Eintritt in die NSDAP, Mitglieds-Nr.: 6 792 350, Soldat der Deutschen Wehrmacht, Teilnehmer am 2. Weltkrieg, desertierte zur Roten Armee.«

Kappelt dazu verallgemeinernd: »Ein beachtenswertes Mitläuferverhalten während des Dritten Reiches ist aber nicht nur bei DDR-Politikern zu verzeichnen, sondern selbst prominente Generalsränge des Ministeriums für Staatssicherheit sind davon nicht ausgenommen. Franz Gold […] wurde 1972 […] zum Generalleutnant […] befördert. Er trat am 1.11.1938 in die NSDAP ein.« (II/152) Mehr als ein Vierteltausend Seiten später raunt er erneut, es gäbe »bedeutsame Beispiele, wo frühere NSDAP-Mitglieder sich beim DDR-Ministerium für Staatssicherheit hochdienen konnten.[16] Dies zeigt das Beispiel von Franz Gold, der 1938 der NSDAP beigetreten war und im Oktober 1972 […] zum Generalleutnant des MfS befördert wurde. […] Seine Biografie bog sich Gold nach 1945 zurecht, insbesondere wurde angemerkt, er habe der KPC angehört und dem Kommunistischen Jugendverband in der CSR.« (II/427)

Im »Braunbuch DDR« von 2009 liest sich das so: »Am 1.11.1938 Eintritt in die NSDAP, […] Angehöriger der NSDAP-Ortsgruppe Botenwald (Gau Sudetenland).« (III/335)

In meinem 2002 verlegten Buch »Nazis in der DDR« hatte ich übernommen, was Jens Gieseke 1997 zu dieser Sache veröffentlicht hatte: »Am 2. November 1964 erschien in der Westberliner Boulevardzeitung *B.Z.* eine Meldung mit Foto unter der Überschrift: ›Skandal um Ulbrichts Leibwächter. Gold – erst braun, dann rot‹. […] Die Nachricht schlug als ›neuer Nazi-Skandal in Ulbrichts engster Umgebung‹ Wellen in der westlichen Öffentlichkeit, sie wurde sofort über die Agenturen […] verbreitet. Die Zeitungsmeldung war zwar schnell wieder vergessen, ihr Inhalt fand aber Eingang in den westlichen Wissensschatz über die Staatssicherheit.«[17]

Weiter hieß es bei Gieseke, dass Franz Gold »tatsächlich nie Mitglied der NSDAP [war], die gegenteilige Behauptung basiert auf einer Verwechslung mit einer anderen Person gleichen Namens, die im Document Center als NSDAP-Mitglied ausgewiesen ist, was aber schon durch einen Vergleich der Geburtsdaten zu erkennen gewesen wäre.«[18]

Gieseke merkte noch kritisch an, dass das Geburtsdatum »zumindest bei der Erstellung des ›Braunbuchs DDR‹ bereits bekannt« gewesen sei.[19]

Im Unterschied zu Kappelt hatten Bürger der DDR keinen Zugang zum Berlin Document Centre, das sich auf dem Gelände der einstigen Kadettenanstalt und nachmaligen SA-Zentrale in der Finckensteinallee befand, die nunmehr von den Amerikanern genutzt wurde. Seit den 90er Jahren gehört es zum Bundesarchiv, Außenstelle Berlin, und darf auch von Ostdeutschen genutzt werden.

Zweiter Fall: Rudolf Schneider.

Zutreffend schreibt Kappelt, dass Schneider den in seinem Promotionsverfahren 1953 eingereichten Lebenslauf geschönt habe. Er habe darin sein Wirken als Gefolgschaftsführer der Hitler-Jugend ebenso verschwiegen wie seine Zugehörigkeit zur SS-Leibstandarte »Adolf Hitler«. Schneider hatte lediglich mitgeteilt, »im Arbeitsdienst und bei der Wehrmacht« gewesen zu sein. Das war glaubhaft, weil Schneider 1941 schwer verwundet worden war und einen Arm verloren hatte. Es war nicht bekannt, dass Schneider bereits mit 18 Jahren der Waffen-SS beigetreten war.

Aus diesem Sachverhalt konstruiert Kappelt den Vorhalt: Während ein »NS-Belasteter« 1953 seinen Doktor an der Leipziger Karl-Marx-Universität machte, seien christliche Studenten von der Alma mater vertrieben worden. (III/84).

Erstens hatte das eine mit dem anderen, sofern es denn zutraf, was ich in Abrede stelle, nichts zu tun. Zweitens hatte die Universität von Schneiders Vergangenheit keine Kenntnis, schließlich hatte er ja, wie Kappelt selbst schreibt, seine Biographie gravierend korrigiert. Folglich kann ihr auch nicht der Vorworf gemacht werden, sie hätte wissentlich einen ehemaligen Nazis zur Promotion verholfen.

Prof. Schneider arbeitete später am modernen Arbeitsgesetzbuch (AGB) der DDR mit. Sein Beitrag war maßgeblich. Und als dieses Arbeitsgesetzbuch – von dem man bis heute in der Bundesrepublik noch nicht einmal zu träumen wagt –, von der Volkskammer 1977 beschlossen wurde, diskreditierte man es im Westen, indem man einen seiner Väter als Nazi bloßstellte. Das AGB sei ein Reflex auf die Diktatur, es wäre daher logisch, dass auch ein Alt-Nazi an dessen Wiege gestanden habe, lautete der Tenor.

Schneider wurde als Professor abberufen und als Abteilungsleiter für Arbeit in einen Großbetrieb versetzt. Eine juristische Verfolgung unterblieb, weil nichts zu verfolgen war. Schneider war an keinem Nazi- und Kriegsverbrechen beteiligt.

Ich habe damals an der Juristischen Fakultät der Humboldt-Universität den Vorfall mit großem Bedauern zur Kenntnis genommen. Schließlich war Professor Schneider ein ausgezeichneter Wissenschaftler und hervorragender Hochschullehrer mit großem Verständnis für die Angelegenheiten der Studentinnen und Studenten.

Drittes Beispiel: Vincenz Müller.

1981 schrieb Kappelt: »Starb 1961 unter mysteriösen Umständen.« (I/307) 2009 wiederholte er das Orakel, Müller starb 1961 »durch mysteriösen Selbstmord bzw.

Fenstersturz. Die Umstände seines Todes geben bis heute Anlass zu diversen Spekulationen.« (III/70)

Vorsichtshalber nennt Kappelt keine dieser »Spekulationen«, aber er verstärkt den Verdacht, dass der 65-jährige Müller, Generalleutnant der Wehrmacht und seit 1956 Stellvertretender Verteidigungsminister der DDR, keines natürlichen Todes gestorben sei.

Peter Joachim Lapp stieß mit seinem 2003 erschienenen Buch »General bei Hitler und Ulbricht. Vincenz Müller – Eine deutsche Karriere« erkennbar in Kappelts Fanfare. Im Unterschied zu diesem jedoch wurde er, was Müllers Ende betraf, etwas deutlicher. Müller habe sich in medizinischer Betreuung befunden und habe ein Krankenbild aufgewiesen, dass der Schizophrenie nahe kam. Die Unterlagen des MfS über Müllers Selbstmord würden entsprechende Symptome bestätigen.[20]

Günter Sarge, damals Leiter der Abteilung Allgemeine Kriminalität beim Militäroberstaatsanwalt (der Generalstaatsanwaltschaft) schrieb mir, er habe seinerzeit vom Verteidigungsminister der DDR den Auftrag erhalten, die Sache zu untersuchen. Er sei mit Kriminalisten zum Einfamilienhaus gefahren, in dem Müller allein lebte. »Die Todesursache war eindeutig. In meiner Anwesenheit hat Prof. Dr. Prokop das zweifelsfrei festgestellt. Das Motiv blieb und bleibt offensichtlich unklar. Müller hatte eine Pistole, erschoss sich aber nicht (als Soldat alter Schule!). Er sprang aus dem ersten Stock des Hauses mit dem Kopf nach unten auf ein Blumenbeet. Normalerweise geht man dabei nicht zugrunde. Zum Unglück lag dort ein einzelner Stein, daher der Schädelbruch. Wir haben hin und her ermittelt. Heraus kam ein nicht erklärbarer Akt der zeitweiligen Depression. Es ist bis heute sehr zweifelhaft, ob Müller überhaupt Selbstmord machen wollte. Alles andere ist meiner Meinung nach Spekulation, wozu das MfS wohl beigetragen hat.«[21]

Von Lenski, Großmann, Albrecht und Kegel

Arno von Lenski ist von besonderem Interesse, weil zu seinem Lebenslauf auch eine bestimmte Dienstverrichtung im nazistischen Volksgerichtshof gehörte. Als Chef der Schule für Schnelle Truppen in Krampnitz bei Potsdam gehörte der Oberst (ab Sommer 1942 Generalmajor) zwischen 1940 bis 1942 dem Volksgerichtshof an, nachdem er durch Entscheidung Hitlers vom 29. August 1940 gemeinsam mit anderen hohen Offizieren zu einem »ehrenamtlichen Beisitzer« des VGH berufen worden war. Der faschistische Volksgerichtshof hatte sechs Senate, von Lenski war im III. Senat Beisitzer als militärischer Sachverständiger in Spionageprozessen. Dieser Senat fällte auch Todesurteile.

Es wird davon ausgegangen, dass von Lenski an Urteilen gegen 18 Personen (Deutsche, Polen, Österreicher, Tschechen, Franzosen) beteiligt war. Neben Zuchthausstrafen von ein bis zu zehn Jahren wurden zwei Todesurteile ausgesprochen.[22]

Der Vollständigkeit halber sei angemerkt, dass von Lenski bereits aus dem Volksgerichtshof ausgeschieden war, als Roland Freisler am 20. August 1942 sein Amt als Präsident des VGH antrat und eine Orgie der Verurteilungen zum Tode in Gang setzte.

Kappelt bleibt bei seiner Behauptung, von Lenski sei ab 1939 ehrenamtlicher Richter gewesen und habe an »über 20 Terrorurteilen« mitgewirkt. (I/ 281; III/419)

In Gefangenschaft informierte von Lenski »den Präsidenten des NKFD, Erich Weinert, den Vorsitzenden des

BDO (Bundes Deutscher Offiziere), General von Seydlitz, sowie die sowjetischen Organe über seine Tätigkeit am Volksgerichtshof. Selbst die führenden KPD-Funktionäre Wilhelm Pieck und Walter Ulbricht wussten Bescheid. Dort nahm man die Angelegenheit aber eher pragmatisch. Man verständigte sich untereinander darauf, dass Lenskis zeitweiliges Richteramt einer möglichen Tätigkeit im NKFD nicht entgegenstünde.«[23]

Dieser angebliche Standpunkt wurde später beibehalten, so dass in der DDR durch das MfS zwar spezielle Untersuchungen vorgenommen wurden, sie aber nicht zu Maßnahmen gegen von Lenski führten.

Arno von Lenski war 1944 von einem Kriegsgericht in Torgau in Abwesenheit zum Tode verurteilt worden. Er kehrte 1949, nach sechs Jahren sowjetischer Kriegsgefangenschaft, zurück, wurde 1952 in den Stab der Kasernierten Volkspolizei aufgenommen, wurde nach Gründung der NVA Chef der Panzertruppen und 1957, auf Beschluss der Sicherheitskommission des ZK der SED in den Ruhestand versetzt. Bis zu seinem Tode – er starb 1986 im Alter von 93 Jahren – engagierte er sich im Pferdesport und als Vorsitzender einer Arbeitsgemeinschaft ehemaliger Offiziere.

Nächster Fall: Ernst Großmann.

1981 hatte Kappelt noch geschrieben: »Unter der Führung des DDR-Diktators Walter Ulbricht konnte mehrere Jahre lang Ernst Großmann im Zentralkomitee der SED wirken. Jahrelang übersah Walter Ulbricht die Tatsache, dass Großmann als Angehöriger der SS-Wachmannschaft im Konzentrationslager Sachsenhausen unmittelbar an dem Terror gegen die in diesem Lager verfolgten Gegner des nationalsozialistischen Regimes beteiligt war.« (I/37)

Tatsächlich war die nazistische Vergangenheit Großmanns der DDR erst im April 1959 durch eine Veröffentlichung des Untersuchungsausschusses freiheitlicher Juristen (UfJ) bekannt geworden. Walter Ulbricht hatte vordem nichts »übersehen« – er hat es nicht gewusst.

1997 schrieb Kappelt in seiner Dissertation: »Die Lebensverlaufsforschung zeigt, wie zeitgeprägt eine persönliche Karriere auch in extremen Fällen sich entwickeln kann. So soll mit Ernst Großmann ein Angehöriger einer SS-KZ-Wachmannschaft nach 1945 bis ins Zentralkomitee der SED aufgerückt sein.

Es ist sicher schwer, hier Motivationsforschung zu betreiben, aber unverkennbar wird hier eine Affinität für das Totalitäre, eine Auffälligkeit für antidemokratische Herrschaftsstrukturen, in denen Menschen, wie Ernst Großmann, sich offensichtlich schnell zur Entfaltung bringen können.« (II/95)

Kappelt übernahm in seine Braunbücher den Text eines in Luxemburg ansässigen »Internationalen Komitees für Information und soziale Aktion (CIAS)«, das behauptet hatte: »Als Angehöriger der SS-Wachmannschaft im Konzentrationslager Sachsenhausen war Ernst Großmann unmittelbar an dem Terror gegen die in diesem Lager eingekerkerten Gegner des nationalsozialistischen Regimes beteiligt. Es besteht der dringende Verdacht, daß Großmann auch Verbrechen gegen die Menschlichkeit im Sinne des Kontrollratsgesetzes Nr. 10 begangen hat.« (I/212 u. III/342)

Bis heute ist nicht bezeugt, das Großmann sich tatsächlich schuldig gemacht hat. Es blieb und bleibt bei der einfachen und nicht bewiesenen Behauptung, die dafür genutzt wird, der DDR nazistische Verseuchung anzuhängen. »Die DDR ehrte ihn als ›Held der Arbeit‹, er avancierte zum Begründer der ersten LPG der DDR und über fünf Jahre saß er als Mitglied im SED-Zentralkomitee.« (III/55 und 342f.)

Nach einer entsprechenden Prüfung erhielt Großmann durch das Zentralkomitee der SED wegen »falscher Angaben über seine Vergangenheit« eine Strenge Rüge und wurde aus dem ZK ausgeschlossen. Da er Verbrechen nicht verübt hatte, blieb er weiter Mitglied der SED und Abgeordneter des Bezirkstages Erfurt.

Mit Konsequenz vermischt Kappelt unterschiedliche Sachverhalte und Begebenheiten.

Als Musterbeispiel kann hier Rosemarie Albrecht (III/250) dienen.[24]

Kappelt schreibt: »Ebenso belastet gilt die prominente DDR-Medizinprofessorin Rosemarie Albrecht, gegen die wegen Mordes in über 150 Fällen erst nach der Wende ein umfangreiches Ermittlungsverfahren möglich wurde.« (III/40f.)

Im Biografischen Anhang wird ausführlicher, aber höchst unvollständig berichtet. Es heißt dort: »Mitwirkung als Gutachterin beim Euthanasieprogramm der Nationalsozialisten, sie soll in 159 Fällen kranke Kinder in den Tod geschickt haben.« Es folgt eine Darstellung der persönlichen Entwicklung von Frau Dr. Albrecht. Sodann wird mitgeteilt, dass das MfS-Ermittlungsverfahren wegen Euthanasieverbrechen gegen sie und andere Mediziner am 20. Mai 1966 eingestellt habe, da die »›Beschuldigten aus der DDR in höheren Positionen des Gesundheitswesens stehen, könnte bei der Auswertung ein unseren gesellschaftlichen Verhältnissen widersprechendes Ergebnis erreicht werden‹. Das Ministerium für Staatsicherheit (MfS), Hauptabteilung XX/2 erklärte: ›Nicht im Interesse unserer Gesellschaft.‹ Das MfS schlug aus diesem Grund vor, ›die Bearbeitung des Vorganges mit einer Sperrablage im Archiv des MfS abzuschließen‹. Nach der Wende erneutes Ermittlungsverfahren wegen Mordes in mehr als 150 Fällen.« (III/250)

Zu der Einstellung des Verfahrens durch das MfS habe ich 2006 in einem Buch geschrieben: »Es wäre unter Umständen sinnvoller gewesen, ein ordentliches Ermittlungsverfahren durchzuführen, das nach Lage der Dinge mit einer Einstellung geendet hätte. Auf jeden Fall war es nicht zulässig, mit Verweisen auf entsprechende Funktionen eine Ermittlung nicht durchzuführen, wenn die Voraussetzungen dafür vorhanden gewesen wären.«[25]

Kein Wort verliert Kappelt über den Ausgang des bundesdeutschen Ermittlungsverfahrens wegen Mordes gegen Frau Albrecht.

Man hatte in Stadtroda Akten ausgegraben, die den Verdacht auf Euthanasie-Verbrechen in Erinnerung riefen. Rosemarie Albrecht wurde in den Medien auf oftmals hetzerische Art und Weise beschuldigt, für den Tod von 159 Personen verantwortlich gewesen zu sein. Nach und nach reduzierte sich diese Zahl. Es verblieb ein einziger Fall, der der Beschuldigten in der Anklageschrift vom 20. Januar 2004 zur Last gelegt wurde. In der Anklage hieß es, Frau Albrecht habe einer psychisch kranken Patientin absichtlich eine Überdosis Schlaftabletten verabreicht. Die Angeklagte hatte die Vorwürfe stets bestritten.

Die Eröffnung des Hauptverfahrens wegen des Verdachts auf Mord wurde mit Beschluss des Landgerichts Gera vom 9. Februar 2005 abgelehnt, weil eine Hauptverhandlung nach Ansicht des Gerichts wegen dauernder Verhandlungsunfähigkeit der Angeschuldigten nicht möglich sei. Eine solche Einstellung mit der Begründung einer Verhandlungsunfähigkeit ist im Gerichtswesen nichts Besonderes. Derartige Beschlüsse sind nüchtern und haben einen geringen Textumfang.

Hier aber begegnen wir etwas Ungewöhnlichem. Der Beschluss stellt nicht einfach die Verhandlungsunfähigkeit fest, sondern enthält über 15 Seiten Text. Lang und breit wird erörtert, welche Probleme bei der Beurteilung des Falles zu bedenken gewesen wären. Es lagen mehrere höchst widersprüchliche Gutachten hinsichtlich der Todesverursachung vor. Während die einen Gutachter behaupteten, die Medikamentenverabreichung sei ursächlich für den Tod, was hier eine Fall von Euthanasie bedeutet hätte, wiesen zwei andere Gutachter diese Behauptung zurück. Die Staatsanwaltschaft bestand darauf, dass die Gabe von Schlafmitteln in diesem Falle nicht Therapie, sondern Mittel zum Zweck der Tötung gewesen sei.

Das Gericht betonte, dass nach seiner Sicht eine Hauptverhandlung zu eröffnen gewesen wäre, läge nicht dauernde Verhandlungsunfähigkeit vor, ohne dass daraus Rückschlüsse auf eine etwaige Verurteilung der Angeschuldigten gezogen werden könnten.

Das Gericht war der Meinung, dass nach Aktenlage viel für die Richtigkeit des Gutachtens spräche, dass die Medikamentenvergabe nicht als Todesursache anzusehen sei. Man wäre aber in die Hauptverhandlung eingetreten, um Widersprüche klärend zu behandeln.

Bei verbleibenden Zweifeln oder Unaufgeklärtheit von Widersprüchen müsse der Grundsatz »in dubio pro reo« – im Zweifel für den Angeklagten – zum Freispruch führen. Bleibe die Schuldfeststellung, die grundsätzlich nur in der Hauptverhandlung möglich ist, zweifelhaft, gelte jeder Angeschuldigte, gegen den das Verfahren ohne Verurteilung abgeschlossen wird, als unschuldig.

Frau Albrecht war mit dieser Entscheidung nicht einverstanden. Sie bestand darauf, dass ihre Unschuld in einem Prozess festgestellt würde.

Eine solche Information hätte man bei Kappelt erwarten müssen, denn immerhin war die Sache im Februar 2005 erledigt. Aber der unklare Schwebezustand des Braunbuch-DDR-Textes passt natürlich in die Generalanklage, die DDR habe Nazis instrumentalisiert und sei darum keineswegs antifaschistisch gewesen.

Nächster Fall: Gerhard Kegel.

Über das Mitglied der Roten Kapelle und DDR-Diplomaten schrieb Kappelt: »1931 Eintritt in die KPD. […] Am 1.5.1934 Eintritt in die NSDAP, […] Mitarbeiter der Deutschen Botschaft in Warschau, […] ab 1939 Mitarbeiter des Auswärtigen Amtes in Berlin, 1939 bis 1941 stellv. Leiter der handelspolitischen Abteilung der Deutschen Botschaft in Moskau, 1941 Ernennung durch Adolf Hitler zum Legationssekretär im Auswärtigen Amt in Berlin. […] Simon Wiesenthal […] beschrieb

Gerhard Kegel als Mitarbeiter der Gestapo.« (III/382; I/249).

Gerhard Kegel veröffentlichte 1983 seine Erinnerungen.[26] Kappelt nahm sie so wenig zur Kenntnis wie andere Texte über den 1989 verstorbenen Kommunisten. Kegel hatte ausführlich über seinen NSDAP-Eintritt geschrieben. Er verständigte die Genossen seiner Widerstandsgruppe in Warschau, und diese die »Zentrale«. Von dort kam die Nachricht, er solle eintreten. Kegel: »Ich erinnere mich noch daran, dass ich verbindliche Zusagen verlangte – es war sicherlich etwas naiv von mir –, dass mir niemand nach dem Sieg über den Hitlerfaschismus die Mitgliedschaft in der Nazipartei zum Vorwurf machen würde. Ich hatte das Glück, dass zwei der Genossen, die an der für mich schweren Entscheidung mitgewirkt hatten, nach dem zweiten Weltkrieg noch am Leben waren und meine Angaben bestätigen konnten.« Kegel erhielt im Juni 1945 von der zuständigen sowjetischen Kommandantur bestätigt, dass er im Auftrage der Widerstandsgruppe 1935 »gemäß dem Auftrag dieser Gruppe – zwecks Erlangung besserer Möglichkeiten für die Durchführung des antifaschistischen Kampfes – in die NSDAP eintrat. Im Zusammenhang damit ist die Mitgliedschaft des Bürgers Kegel in der NSDAP als nichtexistent anzusehen. Die Zentralkommandantur hat keine Einwände gegen die Arbeit des Bürgers Kegel, G. in Redaktion oder Verlag der *Berliner Zeitung* oder in irgendwelchen anderen deutschen Verwaltungen oder Unternehmungen.«

Kegel weiter: »Es wäre jedoch unwahr, würde ich behaupten, die Mitgliedschaft in der Auslandsorganisation der NSDAP hätte mir niemals Unannehmlichkeiten bereitet. Von den bösartigen Angriffen der BRD-Presse und einer zionistischen Organisation in Wien will ich gar nicht reden. Angriffe und Beschimpfungen des Klassenfeindes haben mich niemals gestört. Dass mir auch der eine oder andere alte Genosse mit Misstrauen begegnete, war für mich erklärlich, jedoch schmerzlich.«[27]

Bei der von Kegel genannten »Organisation in Wien« handelte es sich um das Dokumentationszentrum des Bundes jüdischer Verfolgter des Naziregimes, dessen Leiter Simon Wiesenthal war und von dem Kappelt das Folgende auf Kegel Bezogene übernahm: »Verfasste für den Auslandsnachrichtendienst der Gestapo Berichte [...] Nach dem Überfall auf Polen schrieb er 1939 eine Arbeit über die nicht eindeutschungsfähigen Polen.«

Weiter heißt es bei Kappelt, dass die »Arbeitsgemeinschaft 13. August« Kegel »als Verfasser von Berichten für das Rasse- und Siedlungshauptamt der SS« bezeichnete.[28]

Ernst Melsheimer

Von besonderem Interesse ist die Art des Umgangs mit dem Lebenslauf von Ernst Melsheimer, eines der bedeutendsten Justiz-Funktionäre der DDR. 1981 urteilt Kappelt noch relativ zurückhaltend über den einstigen Generalstaatsanwalt.

Nüchtern wird dort mitgeteilt, dass Melsheimer unter anderem ab dem 1. Juli 1933 Landgerichtsdirektor beim Landgericht 3 in Berlin und seit dem 1. Oktober 1937 Kammergerichtsrat beim Kammergericht Berlin war. Zuvor habe er eine Tätigkeit im Reichsministerium der Justiz ausgeübt. Am 1. Juli 1936 sei er dem NS-Rechtswahrerbund beigetreten. Dann folgte ein scheinbar unverfänglicher Satz: »Befreundet mit dem NS-Blutrichter Roland Freisler, 1944 vorgeschlagen zum Reichsgerichtsrat.« (I/300)

2009 wurde nach der vorgeblichen Freundschaft mit Freisler eingefügt: »Aufgrund bester Führungszeugnisse 1944 vorgeschlagen zum Reichsgerichtsrat«. Allerdings sei Melsheimers Ernennung vor dem Kriegsende nicht mehr bestätigt worden. (I/300)

In Kappelts Dissertation heißt es wesentlich schärfer: »Ein besonders schwerer Fall von politischem Tätertum liegt bei Ernst Melsheimer vor, der es trotz seiner Mitgliedschaft im NS-Rechtswahrerbund nach 1945 bis zum Generalstaatsanwalt der DDR brachte.« (II/125)

Kappelt zitiert aus einer 1989 erschienen Arbeit den vernichtenden Satz: »Roland Freisler war sein Vorbild.«[29] Und weiter: »Noch im Jahre 1944 wurde Melsheimer

›zur Beförderung als Reichgerichtsrat vorgeschlagen‹, weil ›seine Vorgesetzten ihm bescheinigt hatten, dass er in jeder Hinsicht positiv zum nationalsozialistischen Staat eingestellt sei und daher eine Berufung in das höchste deutsche Gericht verdiene‹. Allerdings verhinderte der Zusammenbruch des NS-Regimes diese Beförderung des Juristen Melsheimer.« (II/125f.)

Den Schlusspunkt setzt Kappelt 2009 mit der Feststellung, dass Melsheimers Vorgesetzte ihm das beste Zeugnis ausstellten. »Auch seine positive Einstellung zum Nationalsozialismus wurde vermerkt und ein enger Kontakt zu Roland Freisler entstand, bereits damals war er für höhere Aufträge auserwählt worden. 1944 wurde Ernst Melsheimer ›zur Beförderung als Reichsgerichtsrat vorgeschlagen‹, weil ›seine Vorgesetzten ihm bescheinigt hatten, dass er in jeder Hinsicht positiv zum nationalsozialistischen Staat eingestellt sei und daher eine Berufung in das höchste Deutsche Gericht verdiene‹[30], doch das nahe Kriegsende verhinderte die vorgesehene Beförderung des NS-Juristen Melsheimer«. (III/35f.)

Im biografischen Stichwort heißt es unter anderem: »Während des 2. Weltkrieges als unabkömmlich vom Kriegsdienst freigestellt, befreundet mit dem NS-Blutrichter Roland Freisler.« (III/440)

Nun gibt es allerdings seit 1998 einen sachlichen Aufsatz von Hermann Wentker. »Melsheimer galt vor allem im Westen aufgrund seines Justizdienstes im Dritten Reich, seiner angeblichen Freundschaft mit Roland Freisler und seines anschließenden Weges in der DDR als reiner Karrierist – ein Bild, das in mancherlei Hinsicht korrigiert werden muß«, konstatierte dort Wentker.

»Obwohl seine sozialdemokratische Vergangenheit bekannt war und Melsheimer nicht in die NSDAP eintrat, konnte er 1933 im Justizministerium verbleiben. In einem Antwortschreiben des preußischen Justizministers Hanns Kerrl auf einen gegen Melsheimer gerichteten Denunziationsbrief wird dieser als ›ehrlicher Sozialist‹ bezeichnet, der in seiner Naivität geglaubt habe, ›in der SPD als Sozialist wirken zu können‹ . Nunmehr sei er jedoch aus der SPD ausgetreten, [der Austritt erfolgte am 28.2.1933] und bei einer eingehenden Unterhaltung über den Irrtum der materialistischen Weltanschauung‹ habe Kerrl ›die Überzeugung gewonnen, daß er diesen Irrtum völlig begriffen‹ habe.«

Kerrl hatte zudem den Eindruck gewonnen, dass es unter Umständen möglich sei, Melsheimer für die NSDAP zu gewinnen. Wie man weiß, ist das nicht geschehen.

Wentker weiter: »Melsheimer war bis 1937 im Justizministerium in der Abteilung für bürgerliches Recht tätig, wo er ›Kosten- und Stempelgesetzgebung‹ und ›Zivilrechtliche Einzelsachen aus Königsberg i. Pr.‹ bearbeitete, als er zum 1. Oktober – gegen seinen Willen – an das Berliner Kammergericht versetzt wurde. Dort gehörte er als Kammergerichtsrat einem Zivilsenat an, der höchste richterliche Entscheidungen in Angelegenheiten der freiwilligen Gerichtsbarkeit und des Kostenrechts traf – an der politische Justiz des Dritten Reiches war er folglich nie beteiligt. Melsheimer, der Kontakt mit einem kleinen Kreis früherer Sozialdemokraten hielt und in Bedrängnis geratene Genossen sowie verfolgte Juden unterstützte, kam dem Regime dadurch entgegen, daß er am 1. Juli

1937 dem Nationalsozialistischen Rechtswahrerbund (NSRB) sowie am 1. August 1938 der Nationalsozialistischen Volkswohlfahrt (NVSV) beitrat, für die er zudem ab dem 22. Februar 1940 als Kreis-Rechtsberater tätig wurde. Beim Kammergericht machte Melsheimer aus seiner ablehnenden Haltung gegenüber dem Regime kein Hehl«.[31]

Nächster Fall: Herbert Kröger.

An seiner Person kann man im Vergleich mit einem Repräsentanten der bundesdeutschen Machthabenden gravierende Unterschiede in der Entwicklung des politisch-ideologischen Denkens und Verhaltens verdeutlichen. Kröger wird durch Kappelt angelastet, NSDAP-Mitglied und SS-Angehöriger gewesen zu sein und dann als Verteidiger der KPD im Prozess vor dem Bundesverfassungsgericht agiert zu haben.

In der Tat: Kröger war einer der eloquentesten und überzeugendsten Verteidiger der KPD.

Als Gegenpartei trat für die Bundesregierung als Antragstellerin für ein Verbot der KPD Hans Ritter von Lex in die Schranken. Dieser erklärte am 5. Juli 1955, am 48. Verhandlungstag vor dem Bundesverfassungsgericht, die KPD sei »trotz ihrer zahlenmäßigen Geringfügigkeit eine ernste Bedrohung für unser freiheitliches demokratisches Leben. Sie ist ein gefährlicher Infektionsherd im Körper unseres Volkes, der Giftstoffe in die Blutbahn des staatlichen und gesellschaftlichen Organismus der Bundesrepublik sendet.«[32]

Traf das nicht eher auf ihn selbst zu? Hans Ritter von Lex, Mitglied der Bayerischen Volkspartei (BVP), hatte als Abgeordneter des Reichstags am 23. März 1933 dem nazistischen Ermächtigungsgesetz seine Zustimmung erteilt. Nach seiner Lesart entsandte die NSDAP also keine »Giftsstoffe« in die Gesellschaft.

Hitlers Ausführungen in jener Reichstagssitzung, so Ritter von Lex damals in seiner Parlamentsrede, hätten Bedenken gemildert, weshalb man sich daher in der Lage sehe, dem Ermächtigungsgesetz die Zustimmung zu erteilen. »Die Verantwortung für die Durchführung des Gesetzes im einzelnen legen wir vor Gott, dem deutschen Volke und der deutschen Geschichte in die Hände der Reichsregierung.«[33]

Während der Nazi-Zeit war von Lex im Innenministerium tätig. Nach 1945 schloss er sich der Christlich-Sozialen Union (CSU) an. Von 1950 bis 1960 war er beamteter Staatsekretär im Bundesministerium des Innern.

Die Zustimmung zum Ermächtigungsgesetz hat ihm nicht geschadet.

Nächster Fall: Karl-Heinz Gerstner.

Zunächst stellte Kappelt dar, welche Aufgaben Karl-Heinz Gerstner, der 1933 in die NSDAP eingetreten war, an der nazistischen deutschen Botschaft in Paris und im Reichsaußenministerium zu erfüllen hatte und welche positiven Bewertungen er dafür von nazistischen Verantwortlichen erhielt. Dann zitierte Kappelt ausführlich Simon Wiesenthal, den Leiter des jüdischen Dokumentationszentrums in Wien. »Zu seinen besonderen Gönnern zählten Botschafter Otto Abetz (wegen Kriegsverbrechen zu 20 Jahren Zuchthaus verurteilt) und SS-Standartenführer Helmuth Knochen. Dr. Gerstner verfasste eine Reihe von Broschüren über die Wehrmacht, er soll aber auch den Kontakt mit der Resistance gepflegt haben. Die Widerstandsgruppe Pierre Reval und Jacques Robinet behaupteten, Beweise dafür zu besitzen, daß er sich als Agent provocateur betätigte. Eine von Dr. Gerstner damals für die Wehrmacht verfasste Broschüre trägt den Titel ›Verniggertes Frankreich‹.« (I/203; III/ 332).

Man kann nicht sagen, dass dieses Zitat geeignet sei, Gerstner als das zu kennzeichnen, was er tatsächlich war: ein aufrechter Antifaschist.

Ich habe in meinen Büchern wiederholt ausführlich zu den Vorwürfen gegen Gerstner geschrieben und dabei insbesondere dessen antifaschistisches Wirken während der Nazizeit dargestellt. Die Ignoranz Kappelts, dies nicht zur Kenntnis genommen zu haben, ist bemerkenswert. Ich füge meinen früheren Stellungnahmen noch eine von Gerhard Leo hinzu. »Er war, wie mir Jacques Duclos[34] […] Anfang der 70er Jahre in einem Gespräch in Paris versicherte, für die französische Resistance ›unser Mann in der Nazibotschaft‹.«[35]

Gerstner informierte unter anderem über die Aktivitäten der Botschaft zur politischen Absicherung der verbrecherischen Besatzungsmacht, beschaffte Passierscheine für Reisen in die unbesetzte Zone, informierte von bevorstehenden Razzien gegen jüdische Bürger. »Als Gerstner im befreiten Berlin im Juli 1945 von sowjetischen Behörden festgenommen wurde unter dem Verdacht, an der verbrecherischen Okkupationspolitik in Frankreich beteiligt gewesen zu sein, trafen innerhalb kurzer Zeit mehr als 20 Bescheinigungen von Franzosen ein, die zu seiner Entlassung aus der Haft führten. Alle französischen Garanten hatten die kühnen Aktionen des deutschen Antifaschisten gelobt.«[36]

Und Friedrich Paulus.

Kappelt informiert sachlich über den Ex-Generalfeldmarschall, der in Stalingrad kapitulierte, wenngleich in der 1. Auflage relativ dürftig, was seine Rolle in der Wehrmacht betraf. Es reduzierte sich auf die Feststellung: »Wesentlich mitbeteiligt an den Aufmarschplänen gegen die Sowjetunion.« (I/321)

Für die 2009er Ausgabe wurde dieser Teil erheblich ausgebaut, will heißen: verschärft. Bei den Aufmarschplänen handelte es sich um die berüchtigte »Operation Barbarossa«. Paulus sei im Nürnberger Prozeß gegen die Hauptkriegsverbrecher 1945/46 als Zeuge der Anklage aufgetreten.[37] In seiner Zeugenaussage hatte er die Planung des Überfalls auf die Sowjetunion dargelegt. Was ja von besonderer Bedeutung für den Nachweis der verbrecherischen Politik der Hauptkriegsverbrecher war und ist. Das aber wird gleichsam konterkariert und damit Paulus denunziert, weil er, wie explizit ausgeführt, sich gegen die NATO und die Mitgliedschaft der Bundesrepublik Deutschland in diesem »Verteidigungsbündnis« wandte. (III/465f.)

Nächster Fall: Heinz Barth.

Er gehörte zu jenen Nazi- und Kriegsverbrechern in der DDR, die relativ spät entdeckt und angeklagt wurden. Diese Tatsache nimmt auch Kappelt als »Beweis«, dass die juristische Verfolgung einzig wegen des Drucks aus dem Westen erfolgte. Mithin: Die DDR wäre von sich aus nie aktiv geworden, da sie ja solche Leute lieber deckte als verurteilte. Barth hatte in der Konsumorganisation jahrelang seinen Dienst verrichtet, war ausgezeichnet worden und hatte er sich bereitwillig in die

DDR-Ordnung eingefügt. Im Westen wurde er jahrzehntelang als Kriegsverbrecher gesucht, aber in der DDR erst angeklagt, als sein Aufenthaltsort nicht mehr zu verheimlichen war, so Kappelt. »Bevor ›die SED-Oberen den Genossen Barth‹ fallen ließen, zeichneten sie ihn neunmal aus mit der Medaille ›Aktivist der sozialistischen Arbeit‹. [...] Die Anklage gegen Heinz Barth als verantwortlicher Täter erfolgte zu einem sehr späten Zeitpunkt, obwohl das Ministerium für Staatssicherheit der DDR über die Zeit vor 1945 umfangreiches Material sammelte, nicht nur über Bürger, die sich im Westen aufhielten, sondern auch über die eigenen Genossen. Von diesem Material wurde aber nur selektiv Gebrauch gemacht, wenn es politisch erforderlich erschien.« (III/204f.)

Abgesehen von den gehässigen Verweisen auf die Auszeichnungen, die Barth als ordentlicher DDR-Bürger erhielt, ist das nun so eine Sache mit dem Verhältnis von Aktenmaterial und Täterfindung. Ich wiederhole hier, was ich bereits 2002 über den ehemaligen SS-Obersturmführer Heinz Barth geschrieben habe. Kappelt nahm weder davon wie auch von anderen einschlägigen Publikationen Notiz.

»Barth hatte sich angesichts des Untergangs des Nazireichs seines SS-Soldbuchs und seiner SS-Uniform entledigt und war infolge einer schweren Kriegsverletzung in einem Lazarett in Schleswig-Holstein als harmloser Zivilist untergetaucht. Dort erlebte er das Ende des Krieges. In Schleswig-Holstein täuschte Barth den Verlust seines Soldbuches vor, gab sich als Leutnant der Schutzpolizei aus und erhielt unter seinem richtigen Namen einen Soldbuchersatz. Die Beibehaltung des Namens war kein besonderes Risiko, da ›Barth‹ weder außergewöhnlich noch besonders selten ist. Die SS-Vergangenheit war damit, wie sich erwies, zunächst vertuscht.

Aus familiären Gründen kehrte Barth 1946 in seine Heimatstadt Gransee zurück. Er war ein unauffälliger, pflichteifriger Mensch, wurde Verkaufsstellenleiter des Textilkaufhauses in Gransee und, nach einem Studium, Vorstandsmitglied der Konsumgenossenschaft Gransee, später ihr Abteilungsleiter für Rationalisierung. Einen Muster-Lebenslauf, in dem mit Ausnahme seiner bloßen Zugehörigkeit zur Hitler-Jugend (HJ) keinerlei Hinweise auf eine nazistische Vergangenheit enthalten waren, verwendete er immer wieder«.[38] Am 14. Juli 1981 wurde Barth verhaftet, vor dem Stadtgericht Berlin fand im Mai/Juni 1983 der Prozess gegen ihn statt. In der Broschüre »Mörder von Oradour« ist auf den Seiten 13 bis 17 nachzulesen, welche langwierigen Ermittlungen bis zur Festnahme Barths notwendig waren.[39] Im übrigen haben wir es hier mit einem Fall der Rechtshilfe zu tun. Der Generalstaatsanwalt der DDR wandte sich an den französischen Justizminister mit der Bitte, die Ermittlungen im Fall Barth zu fördern. Und die Unterstützung kam prompt. Die DDR-Behörden erhielten die Anklageschrift des französischen Oradour-Prozesses und einen Auszug aus dem Urteil des Militärtribunals von Bordeaux, nach dem Barth im Jahre 1953 in Abwesenheit abgeurteilt worden war. Unter den aus Frankreich übersandten Materialien befanden sich auch Aussagen von Beschuldigten sowie von Zeugen, die sich unter anderem auf die Mitwirkung Barths an dem Massaker bezogen.

Es muss hier noch einmal betont werden, dass Kappelt es vermeidet, Publikationen explizit zu zitieren, die sich gegen die Diffamierung der DDR wenden und begründete Korrekturen bestimmter Ansichten einfordern. Ich nenne hier ausdrücklich meine Bücher »Nazis in der DDR« und »Hammer, Zirkel, Hakenkreuz«.

Auf S. 208 schreibt Kappelt: »Einer derjenigen, die in Dresden untergetaucht waren und mit MfS-Tarnung lebten, war ein gewisser Helmut Bärwald, der als Blockführer im KZ Sachsenhausen unmenschliche Verbrechen begangen hatte. Das MfS gab ihm den Decknamen ›Vollstrecker‹. Bärwald stand auf der Fahndungsliste der Kölner Staatsanwaltschaft und er galt als ›einer von zahlreichen in der DDR untergetauchten NS-Schergen‹.«

In meinem Buch »Hammer, Zirkel, Hakenkreuz« hatte ich dazu bemerkt: »Helmut Bärwald, SS-Unterscharführer (Unteroffizier). *Der Spiegel* nennt ihn einen ›von zahlreichen in der DDR untergetauchten NS-Schergen‹, der ›im Verdacht (steht), als Blockführer im KZ-Sachsenhausen unmenschliche Verbrechen begangen zu haben‹. Bärwald würde bis heute unbehelligt in Dresden leben, sei vom DDR-Regime gedeckt worden und straflos geblieben.

Kappelt übernahm diese Angaben ungeprüft, obwohl unmittelbar nach der Veröffentlichung des *Spiegel*-Artikels einige öffentliche Dementis folgten.

Tatsächlich hatte das MfS in einem operativen Vorgang einen ›Vollstrecker‹ recherchiert, der sich als einer unter den mehr als 130 Positionen des MfS-Aktenbestandes ›DDR-Bürger mit NS-Vergangenheit‹ befand. Bärwald war ›Blockführer‹ im KZ-Sachsenhausen gewesen und gehörte dem Kommandanturstab an. Er war jedoch nicht – wie behauptet – Teilnehmer an dem Massenmord an sowjetischen Kriegsgefangenen, da er sich zum Zeitpunkt der Tat (August/November 1941) an der Front befand und erst 1942 nach Sachsenhausen kam.

Der letzte Leiter des NS-Archivs des MfS, Dieter Skiba, erklärte gegenüber *Disput* 13/1994, die Sache Bärwald zeige, ›wie so etwas journalistisch aufgearbeitet werden kann. Das ehemalige Archiv [...] wird als Document Center des Ostens bezeichnet. Und dann wird gesagt, im Document Center hat man einen Lebenslauf gefunden. Das ist aber das Westberliner Center und nicht unseres. Dieser Lebenslauf stand uns nicht zur Verfügung. [...]

Wenn wir seit 1988, als Bärwald in das Blickfeld des MfS für die operative Bearbeitung geriet, auch einige Beweise gehabt hätten für den Nachweis einer strafrechtlich relevanten Schuld [...], dann wäre ein Ermittlungsverfahren auch gegen Bärwald eingeleitet worden. 1989, als die Hauptabteilung IX/11 [...] aufgelöst wurde, haben wir noch an der Beweismittelsicherung in dieser Sache gearbeitet. Wir haben 1988/89 über 50 ehemalige Häftlinge und Leute befragt, die über ihn Auskunft geben konnten. Außer, daß wir ihn faktisch zweifelsfrei als SS-Angehörigen identifizieren konnten, gab es nicht das Schwarze unter dem Fingernagel. Also nichts Strafprozeßverwertbares.‹ Man stelle sich allerdings einmal die Empörung im Westen vor, wenn die DDR-Justiz bei unzulänglicher Beweislage einen Prozeß gegen Bärwald durchgeführt und ihn verurteilt hätte.

1994 strengte die Staatsanwaltschaft Köln Ermittlungen gegen Bärwald an, die ebensowenig zu einer Anklage führten wie frühere DDR-Recherchen.«[40]

Vielleicht kann Kappelt mir helfen. Ich habe unter seinen im »Braunbuch DDR« aufgelisteten »Nazis« keine vergleichbare Person gefunden, wie sie Ernst Klee in seinem »Personenlexikon zum Dritten. Wer war was vor und nach 1945?«, 2003 in Frankfurt am Main erschienen, aufführte.

Kein DDR-Gegenstück etwa zu Wolfgang Immerwahr Fränkel, über den es bei Klee heißt: »Mai 1933 NSDAP [...], Abteilungsleiter der Reichsanwaltschaft beim Reichsgericht. Vom ehemaligen Stuttgarter OLG-Präsidenten Richard Schmid als ›Fanatiker der Todesstrafe‹ bezeichnet. [...] Bundesanwalt am Bundesgerichtshof, März 1962 Generalbundesanwalt in Karlsruhe. Demission, da er durch (echte) DDR-Dokumente belastet wurde, in Urteilen auf Strafverschärfung, also Todesstrafe, votiert zu haben, in einem Fall sogar gegen das Votum Freislers – Beurlaubung mit vollen Bezügen.«[41]

Oder zu dem von Klee genannten Juristen Willi Geiger: »1937 NSDAP, 1938 SA-Rottenführer [...] Geiger über den Arierparagraphen, also Berufsverbot für jüdische Journalisten: ›Die Vorschrift hat mit einem Schlag den übermächtigen, volksschädigenden und kulturverletzenden Einfluss der jüdischen Rasse auf dem Gebiet der Presse beseitigt.‹ [...] Als Staatsanwalt beim Sondergericht Bamberg Mitwirkung an Todesurteilen. Nach 1945 Oberlandesgerichtsrat in Bamberg. 1949 Leiter des Verfassungsreferats des Bundesjustizministeriums. 1950 am Bundesgerichtshof, 1951 Senatspräsident, zugleich

(1951-1877) am Bundesverfassungsgericht. […] Beteiligt am Extremistenbeschluss (Berufsverbote) des BVG vom 22.5.1975.«[42]

Jedoch: Geiger ist im »Braunbuch. Kriegs- und Naziverbrecher in der Bundesrepublik und Westberlin« genannt.[43]

Der Spiegel setzt die Lüge in die Welt, und trotz Dementi wird sie noch immer kolportiert

Der Umgang mit ehemaligen Nazis einschließlich ihrer strafrechtlichen Verfolgung ist ganz offensichtlich ein Schwerpunkt in der Kriminalisierung der DDR. Kappelt übernahm die Behauptungen, welche Alfred Streim, Leiter der Zentralen Stelle der Landesjustizverwaltungen zur Aufklärung von NS-Verbrechen in Ludwigsburg, nach seiner Analyse der DDR-Zahlenangaben in die Welt gesetzt hatte. Streim meinte, »dass die DDR gar nicht so antifaschistisch war, wie sie sich gab«. (III/104)

Die von Kappelt übernommenen Zahlenangaben der DDR sind in dieser Hinsicht ohne jede Bedeutung. Die Fachleute wissen bekanntlich alles besser und ganz genau. Zumal man dort davon ausgeht, dass grundsätzlich alles von der DDR manipuliert gewesen sei.

Sicher könnte man mit gutem Grund die 3.254 Strafverfahren, die 1950 in Waldheim stattgefunden hatten, von der offiziellen DDR-Gesamtsumme abziehen. Obwohl auch das nicht korrekt wäre, denn unter den in Waldheim Verurteilten befanden sich tatsächlich zu Recht Verurteilte. Aber die – um es vorsichtig auszudrücken – politische Ungeschicklichkeit dieser Waldheim-»Episode« würde ein Abziehen dieser Prozesszahlen rechtfertigen. Ansonsten wäre es müßig, sich auf eine Debatte mit Streim oder anderen einzulassen. Sie wollen delegitimieren, also wird »westlich« gerechnet, erklärt und begründet.

Kappelt behauptet nun, die DDR habe die Zentrale Stelle Ludwigsburg nie anerkannt. Rechtshilfeersuchen aus dem Westen seien unbeantwortet geblieben. »Offensichtlich war den DDR-Behörden die Ermittlungstätigkeit der Zentralen Stelle unangenehm, da das MfS viele ehemalige Nationalsozialisten zu neuer Verwendung instrumentalisierte.« (III/103)

In Wahrheit verhält es sich doch etwas anders. Rechtshilfeersuchen basieren regelmäßig auf Gesetzen über Rechtshilfe, die dann zu Rechtshilfeabkommen zwischen Staaten führen. Die Vermutung Kappelts ist ein Hirngespinst. Hinsichtlich der realen Situation im gespaltenen Deutschland ging es schlicht und einfach um die Arroganz der BRD, die DDR als souveränen Staat nicht anzuerkennen und deshalb auch keine Verträge mit Institutionen dieses nicht anerkannten Staat abzuschließen. Die DDR hat sich durchaus nicht gesträubt, Rechtshilfe zu leisten. »Allerdings wehrte sich die DDR auch dagegen, als Amtshilfe in Anspruch genommen zu werden, die innerstaatlich üblich ist«, erklärte Dieter Skiba 2006 in einem Presseinterview. »Es gab eine Weisung des Generalstaatsanwalts: Wir sind ein souveräner Staat, und wer was von uns will, hat sich auf dem völkerrechtlich üblichen Weg an uns zu wenden, kann nicht einfach irgendeinem Gericht oder einer Polizei-Dienststelle Aufträge erteilen.«[44]

Das Ganze lief seitens der BRD auf deren Bemühen, jeden amtlichen Kontakt zu unterbinden, der die DDR als souveränen und autonomen Staat zum Vertragspartner BRD hätte erscheinen lassen können – eine Form praktizierter Hallstein-Doktrin auf »innerdeutscher«

Ebene. So verhielt es sich auch mit der Zentralen Stelle. Diese war kein offizielles Staatsorgan, wie beispielsweise die Staatsanwaltschaft und insofern auch kein Partner für die souveräne DDR.

Die Zentrale Stelle in Ludwigsburg war eine Institution ohne staatliche Vollzugsvollmacht. Sie war keine Staatsanwaltschaft und verfügte nicht über die Kompetenz, selbst Anklage zu erheben, sondern trug lediglich Material zusammen, das dann den zuständigen Staatsanwaltschaften übergeben würde. Diese entschieden selbständig, ob sie ein Verfahren einleiteten oder nicht. So kam es, dass die Zentrale Stelle zwar fleißig arbeitete und bemerkenswert viel zusammentrug, aber am Ende gab es nur relativ wenige Ermittlungsverfahren.

Es sei noch erwähnt, dass der erste Leiter dieser zur Naziverfolgung bestimmten Zentrale Erwin Schüle hieß, ein ehemaliger SA-Mann und NSDAP-Mitglied.

Anzumerken ist ferner, dass die DDR bei konkreten Sachverhalten Kontakt zu Ludwigsburg auf nicht offizieller Ebene hatte.

Kappelt empört sich, dass es der DDR in den 50er und 60er Jahren gelungen sei, »mit ständig neuen Enthüllungen über die NS-Belastungen von einflussreichen Exponenten der westdeutschen Gesellschaft, die deutsche und internationale Öffentlichkeit zu beeinflussen. Die gezielte Platzierung von Enthüllungen avancierte zur propagandistischen Hauptwaffe des SED-Regimes.« (III/106f.)

Also nicht die Tatsache, dass Nazis im Westen enttarnt wurden, die überall ihre Karriere »in der Demokratie« fortgesetzt hatten, war der Skandal, sondern das Faktum des Öffentlichmachens durch die DDR. Denn dass die

Namen und Vorhaltungen zutrafen, wird bis heute nicht bestritten. Das DDR-Braunbuch hat nachprüfbare Fakten mitgeteilt.

Ich will nicht bestreiten, dass Missgriffe durchaus denkbar und real waren. Aber sie waren jedenfalls nicht beherrschend und konnten es auch nicht sein. Sonst hätten die Offenbarungen über die »Nazis in Bonner Diensten« keine andauernde Wirkung haben können. In Parenthese sei angemerkt, dass sich für die Absicht des Delegitimierens der DDR selbstverständlich jene (zwei) MfS-Offiziere vorzüglich eignen, die sich nach 1990 auf die Seite der Feinde des Sozialismus geschlagen hatten und als »Zeugen« für die Verwerflichkeit der DDR-Existenz andienten.[45]

In der Suche nach Partnern aus den Reihen der ehemaligen DDR-Verantwortlichen ist Kappelt auf Dieter Skiba gestoßen. Von diesem wollte er bestätigt haben, das Anklagen gegen NS-Täter unterblieben, wenn politische Erwägungen den juristischen vorgezogen wurden. Oder anders gesagt: man habe politischen Erwägungen Priorität eingeräumt gegenüber juristischen Erwägungen, »wie es den SED-Oberen ins Konzept passte«.

Der Spiegel hatte geschrieben, was Kappelt gern zitierte: »›Politische gingen juristischen Erwägungen vor‹ berichtet Dieter Skiba, 52, ehemaliger MfS-Oberstleutnant im Archivdienst: ›Bestimmte Leute hat man eben nicht angeklagt, weil sonst die Weltöffentlichkeit gesagt hätte *Aha, in der DDR gibt's also auch Nazis*. Zuweilen, berichtet Skiba, hätten seine Archivare da schon für den Papierkorb gearbeitet – etwa im Fall einiger Euthanasieärzte, die im SED-Staat Karriere gemacht hatten‹.«[46]

Seit dieser Veröffentlichung im *Spiegel* wird diese angeblich von Skiba gemachte Aussage stets zitiert, wenn es gegen die DDR geht. So eben auch von Kappelt (II/27; III/203).

Dass Dieter Skiba nach dem Erscheinen des *Spiegel* bei diesem unverzüglich Widerspruch einlegte und Berichtigung verlangte, war und ist verständlich, jedoch gegenüber der bürgerlichen Medienmacht hoffnungslos. Skiba hat wiederholt öffentlich bestritten, eine solche Erklärung abgegeben zu haben. So beispielsweise bei einer Veranstaltung der Zeitschrift *disput* im Juni 1994. Die Diskussion ist in dieser Zeitschrift im Heft 12/1994 dokumentiert worden.

2007 wurde dazu geschrieben: »Diese Aussage hat Skiba nie gemacht, er hätte sie auch getilgt, wenn ihm denn der Beitrag – wie es unter seriösem Journalismus Brauch – zur Autorisierung vor der Veröffentlichung vorgelegt worden wäre.«[47]

Resigniert heißt es dann noch: »Um Richtigstellungen in den großen Medien auf dem Klagewege durchzusetzen – denn freiwillig dementieren sie nie –, fehlen Betroffenen wie Skiba einfach die Mittel.«[48]

Kappelt hätte sich allerdings sachkundig machen können, denn ich habe dazu 2006 geschrieben.[49]

Selbst Klemperer wird als Kronzeuge missbraucht

Enthalten Kappelts Ausführungen darüber, welche Gedanken man sich angeblich nach 1945 machte, wie unbelastete ehemalige NS-Mitläufer zu integrieren seien, irgend einen neuen Gedanken? Nein. Kappelt nutzt dabei Materialien, die sowohl von DDR-Autoren stammen als auch Ergebnis von »Forschungen« nach dem Untergang der DDR. Dabei gilt generell die Aussage, dass die Integration keine einfache Sache war und vielfältige Probleme produzierte. Zudem war es nicht immer einfach, den Wert von verbalen Bekenntnissen nach der behaupteten ideologischen Wandlung zu bestimmen. Dass Emporkömmlinge die Gunst der Stunde nutzten, sollte als normal gelten. Wir erlebten es ja auch nach 1990 wieder. Kappelt und Co. hingegen nehmen das als eine Besonderheit im Osten Deutschlands, um die DDR zu delegitimieren.

Kappelt nimmt etwa den Befehl 201 der SMAD vom 16. August 1947 »Richtlinien zur Anwendung der Direktiven Nr. 24 und Nr. 38 des Kontrollrats über die Entnazifizierung« als Ausgangspunkt von Ausführungen über die Entnazifizierung und deren Beendigung. Und mokiert sich über die Bemühungen, die dann Deutsche zur Erfüllung der Verpflichtungen unternommen haben. Es wäre wünschenswert, wenn Kappelt wenigsten den Kern des Befehls 201 mitgeteilt hätte, damit sich die Leser ihr eigenes Urteil hätten bilden können. Da er das unterlassen hat, kann er nach Belieben über die konkreten Maßnahmen philosophieren und sie bewerten.

Erwähnt sei noch der Befehl Nr. 204 vom 23. August 1947, in dem bestimmt wird, dass ehemalige Mitglieder der NSDAP und ihrer Gliederungen »zur Ausübung eines Richter- oder Staatsanwaltenamtes« nicht zuzulassen sind.

Wenn nun schon von Juristen die Rede ist, dann sollte man sich der Tatsache erinnern, dass die sowjetische Besatzungsmacht ganz allgemein nicht nur befahl, Nazis zur Justiz nicht zuzulassen, dann sollte man sich eines weiteren Befehls erinnern. Der Befehl Nr. 193 vom 6. August 1947 mit dem Betreff: »Erhöhung des Kontingentes der Studierenden und Verlängerung der Studienzeit für die juristischen Kurse in der Sowjetzone der Besetzung Deutschlands«, beginnt mit den Worten: »Zwecks Vorbereitung demokratischen Personals für die deutschen Justizorgane wurden Ende des Jahres 1945 in allen Ländern der Sowjetischen Okkupationszone Deutschlands achtmonatliche juristische Kurse eingerichtet. Die juristischen Kurse sind von großer Bedeutung für die Demokratisierung der deutschen Gerichtsorgane und eine Quelle für die Heranziehung von Vertretern aus dem Volke für die Rechtspflege. Die Vorbereitung des juristischen Personals auf diesen Kursen hat sich vollauf bewährt und die Absolventen dieser Kurse haben sich in der praktischen Arbeit bei den Organen der Justiz von der positive Seite gezeigt.«

Sodann wurde im Befehl die Gesamtzahl der Kursteilnehmer in der SBZ und die Dauer des Kurses bestimmt. Unter Ziffer 3 des Befehls heißt es: »Ehemalige Mitglieder der nazistischen Partei oder ihrer Untergliederungen (sind) in die Kurse nicht aufzunehmen.«

Ziffer 4: »Personen, welche die juristischen Kurse beendet haben, erhalten das Recht, die Ämter von Richtern, Staatsanwälten, Advokaten oder anderer Posten in den gerichtlichen und staatsanwaltschaftlichen Organen zu bekleiden und damit genießen sie alle Rechte, welche diesen Personen durch die geltende deutsche Gesetzgebung gewährt werden.«

Mir ist nicht bekannt, dass es Vergleichbares der Entnazifizierung für die Westzonen gegeben hat.

Kappelt übernimmt nun kritische Bemerkungen von Clemens Vollnhals, der sich darüber ausließ, dass man in der SBZ im Interesse eines »großen Bündnisses« Nazis recht frühzeitig in die große Gemeinschaft wieder aufnahm. Kappelt verweist auf den Befehl Nr. 43 vom 18. März 1948, mit dem sogar – und er zitiert Vollnhals – »den gerichtlich bestraften und zu bestrafenden früheren aktiven Pg's eine Amnestie« gewährt würde.

Der Genauigkeit wegen hätte er mitteilen sollen, dass es sich um eine Amnestie anlässlich des 100. Jahrestages der Revolution von 1848 handelte, und dass Personen amnestiert wurden, die zu Freiheitsstrafen bis zu einem Jahr oder zu leichteren Strafen verurteilt worden waren bzw. eine solche Strafe zu erwarten hatten.

Da verdient dann das Folgende doch Aufmerksamkeit.

Es ist bekannt, dass in der Bundesrepublik in kürzester Frist selbst nazistische Schwerverbrecher aus der Haft entlassen wurden. Zur Ursache kann man im Katalog der Ausstellung »Verbrechen der Wehrmacht« lesen, dass nach der Gründung der BRD die Frage der noch inhaftierten Gefangenen, die von alliierten Gerichten wegen Kriegsverbrechen verurteilt worden waren, die Öffentlichkeit bewegte. »Teile der damaligen Regierungsparteien CDU/CSU/FDP/DP machten ihre Zustimmung zur Integration der Bundesrepublik in das westliche Bündnis und zur Wiederbewaffnung von der Freilassung der Kriegverbrecher abhängig. Im Januar 1951 milderte der US-Hochkommissar für die Bundesrepublik, John McCloy, zahlreiche Urteile ab und erließ etlichen Gefangenen die weitere Haftzeit, darunter auch Inhaftierten, die wegen Massenmordes verurteilt worden waren. 1958 verließen die letzten Inhaftierten die westalliierten Gefängnisse. Albert Speer und Rudolf Hess verblieben als Verurteilte der vier alliierten Mächte in Berlin-Spandau.«[50]

Kappelt sollte einmal erklären, wieso die Wehrmacht-Ausstellung über die von der faschistischen Armee verübten Verbrechen auf so viel Gegenwehr der Ewig-Gestrigen gestoßen ist und warum die Aufnahme dieser Ausstellung in den neuen Bundesländern auf dem Ex-Territorium der DDR völlig reibungslos vor sich ging. Die DDR hatte über Sinn und Rolle der Wehrmacht keinen Zweifel gelassen. Nicht wenige BRD-Bürger feierten dagegen dieses Mordinstrument über die Jahre auf verschiedene Weise.

Hitlers »Fachleute« wurden im Westen gebraucht. Unmissverständlich war von Spitzenpolitikern betont worden, man könne die Front der westlichen Gegner des Kommunismus nicht verstärken, wenn man nicht jene freilasse, die ihre »Fähigkeiten« an dieser Front schon unter Beweis gestellt hatten. Adenauer erinnerte die Hohen Kommissare daran, welche Verdienste deutsche Militärs aufzuweisen hatten. » Jede Armee hat ihre eigenen Methoden […]. Nun hat aber weder ein amerikanischer noch ein französischer noch ein englischer General bisher mit den Russen gekämpft. Die deutschen Generäle haben darin Erfahrungen.« Adenauer bat zu erwägen, ob es nicht gut wäre, wenn diese Experten mit ihrem sachverständigen Urteil von den maßgebenden westalliierten militärischen Stellen herangezogen würden.[51]

Kappelt fügt der damaligen Offenheit eine aktuelle Unverschämtheit hinzu: »Wer als deutscher Kriegsgefangener in der Sowjetunion nicht verhungert war und ›sich an den Feind verkaufte‹, der konnte ›zum antifaschistischen Kader heranwachsen‹.« (III/128)

Hat Kappelt eine Ahnung, was die hitlersche Politik der verbrannten Erde für die Menschen in der überfallenen UdSSR bedeutete?

Kappelt ist ferner der Meinung, dass die »Alten Kämpfer« als besonders überzeugte Nationalsozialisten mit dem »Goldenen Parteiabzeichen« der NSDAP geehrt wurden. Das habe ihnen im Volksmund die spöttische Bezeichnung »Goldfasan« eingetragen. (III/64).

Nicht die Träger des »Goldenen Parteiabzeichens« nannte man »Goldfasane«, sondern jene Parteifunktionäre, die die (bunte) goldbraune Parteiuniform trugen.

Auch dieser kleine Irrtum des Historikers Kappelt offenbart dessen profunde Sachkenntnis.

Sie zeigt sich auch bei den Biografien und deren im Prinzip unseriösen, unzulässigen Verkürzungen.

Ein typisches Beispiel findet sich auf S. 137, wo vom »späteren DDR-Staatsratsvorsitzenden Wilhelm Pieck« die Rede ist. Wilhelm Pieck war von 1949 bis zu seinem

Tode 1960 Präsident der Deutschen Demokratischen Republik. Nach dem Tode Piecks wurde per Gesetz vom 12. September 1960 der Staatsrat der DDR als kollektives Machtorgan geschaffen. Der Staatrat wurde geleitet vom Vorsitzenden des Staatsrates, eine Funktion, die Walter Ulbricht bis zu seinem Tode ausübte. Nach ihm amtierte Erich Honecker als Vorsitzender des Staatrats.

Der Beitrag von Kappelt zur Delegitimierung der DDR mündet in einen Satz auf Seite 166 seines Buches. Dazu beruft er sich ausgerechnet auf Victor Klemperer. Kappelt zitiert zunächst aus einer Rede von Vincenz Müller, die dieser auf dem 3. NDPD-Parteitag in Leipzig gehalten hatte: »Mit pathetischem Habitus gipfelte die Parteitagsrede von Vincenz Müller: ›Wir schwören in unserem Programmentwurf unserer Deutschen Demokratischen Republik die Treue und rufen allen Deutschen die Losung zu: [...] Wer der Deutschen Demokratischen Republik die Treue hält, hält ganz Deutschland die Treue!‹« (III/166)

Daran schließt Kappelt an und schlussfolgert: »Die sprachliche Diktion der NDPD-Funktionäre stellt ihre Nähe zur NS-Propaganda bloß. Bedenklich, denn nach Victor Klemperer ist ›die Sprache des Nazismus‹ der Nährboden für ›die nazistische Gesinnung‹, die so in der DDR-Gesellschaft auf spezifische Art 40 Jahre konserviert und gepflegt wurde.« (III/166)

Die Infamie besteht darin, Klemperer als Kronzeugen zu zitieren. Dieser hatte geschrieben: »Eines Tages wird das Wort *Entnazifizierung* versunken sein, weil der Zustand, den es beenden sollte, nicht mehr vorhanden ist. Aber eine ganze Weile wird es bis dahin noch dauern, denn zu verschwinden hat ja nicht nur das nazistische Tun, sondern auch die nazistische Gesinnung, die nazistische Denkgewöhnung und ihr Nährboden: die Sprache des Nazismus.«[52]

Dabei ist es eine Tatsache, dass Klemperer sich durchaus kritisch verhielt gegenüber der Art und Weise, wie sich nicht wenige Verantwortliche der sowjetischen Besatzungsmacht verhielten. »Sie sind die erbarmungslosen Sieger. Im Radio klingt es anders. Und ich fürchte man macht hier genau den Fehler der Gegner: man verprellt, stumpft ab, langweilt, setzt sich ins Unrecht durch den Fluch des Superlativs und durch die unendliche Wiederholung und Einseitigkeit. Bestimmt, alles (was) von den Verbrechen der Hitlerei gesagt wird, ist absolut richtig, und alles, was von russischen Aufbaubemühungen und Humanität gesagt wird, ist zu 90 Prozent richtig, aber die fehlenden 10 Prozent und die monotone und ausschließlich Wiederholung – warum fehlen alle anderen Nachrichten und Themen, warum ist alles politisiert und alles andere versunken?«[53]

Und Klemperer weiter: »Ich muss allmählich anfangen, systematisch auf die Sprache des VIERTEN REICHES zu achten. Sie scheint mir manchmal weniger von der des DRITTEN unterschieden als etwa das Dresdener Sächsische vom Leipziger. Wenn etwa Marschall Stalin der Größte der derzeit Lebenden ist, der genialste Stratege usw. Oder wenn Stalin in einer Rede aus dem Anfang des Krieges von Hitler, natürlich mit allergrößtem Recht, als von dem ›Kannibalen Hitler‹ spricht. Jedenfalls will ich unser Nachrichtenblatt […] genau sub specie LQI studieren.«[54]

Und er vermerkt in seinem Tagebuch am 19. Juli 1945 mit Blick auf Vorträge, die lediglich Phrasen herbeten, man bediene sich »sämtlicher nazistischer Schlagworte, die wie Leichengift wirken«.[55]

Diese berechtigte Kritik Klemperers rechtfertigt jedoch nicht die von Kappelt vollzogene gedankliche Manipulation. Ort, Zeit und Bedingung zu beachten gehört eigentlich zur Grundlage wissenschaftlicher Arbeit. Aber die kann man offensichtlich bei Kappelt eben nicht erwarten.

Hatten Ex-Nazis Einfluss in der DDR? Nein

Nach dem Untergang der DDR und dem relativen Aufblühen rechtsradikaler Denk- und Verhaltensweisen weiß Kappelt die Ursache für dieses Phänomen: der Antifaschismus der DDR war keiner.

Und warum war es kein Antifaschismus?

Weil die ehemaligen Nazis in die DDR-Gesellschaft integriert worden waren.

So einfach ist das Ganze allerdings nicht. Es versteht sich, dass Kappelt völlig ausblendet, dass sich Rechte in der BRD organisierten. Die NPD wurde in der Bundesrepublik gebildet und wirkte dort. Und bekanntlich noch immer. Vergleichbares gab es in der DDR nicht. Was rechtes Denken nicht ausschloss. Aber in den Medien gab es keinen Boden für die Verbreitung.

Wieder einmal ist der Sozialismus schuld für den sich entwickelnden sozialen Missstand in der aktuellen bundesdeutschen kapitalistischen Gesellschaft. Danach sind es nicht die Übel der kapitalistischen Gesellschaft, wie unter anderem die Arbeitslosigkeit, die Aussichtslosigkeit des individuellen Lebens, die Krankheiten des bürgerlichen Parlamentarismus, die Untergrabungen der bürgerlichen Demokratie, obwohl diese Phänomene der kapitalistischen Gesellschaft inhärent sind. Korruption, Bereicherungssucht, Besitzgier, moralische Verkommenheit, Fremdenfeindlichkeit, potenzierter Individualismus unter der Losung »Jeder ist sich selbst der Nächste« hatten 20 Jahre Zeit, die gegebene sozialistische menschliche Gesellschaft auszuhöhlen.

Was liegt näher, als dass sich auf dieser Niedergangssituation Rechtsradikalismus entfaltet. Aber dies darf von der bürgerlichen Meinungsherrschaft nicht erkannt und anerkannt werden.

Zu den Vorreitern in der »Erkenntnis«, dass der Antifaschismus der DDR schuld und verantwortlich ist für das Aufblühen des Rechtsradikalismus in der dahingegangenen DDR gehört ein Nachrichtenmagazin der BRD. *Der Spiegel* hat frühzeitig erkannt, worauf die Aufmerksamkeit zu lenken ist: auf den Antifaschismus der DDR, den es zu diffamieren und letztlich zu überwinden gilt.

Zu den wesentlichsten Artikeln gehört ein Text, der in Nr. 12/1992 veröffentlicht wurde. Das hat Kappelt offensichtlich schnell begriffen, seit 1981 »Aufklärer« in Sachen Integration von Nazis in die DDR-Gesellschaft ist. Er nutzte die Gunst der Stunde, und nachdem er auf der Basis des gesammelten Materials eine Dissertation erlangen konnte, war es nun offenbar an der Zeit, nachzulegen.

Das Ergebnis ist die 2. Auflage der »Nazis in der DDR«, wobei die Grunderkenntnis nicht am Anfang der Arbeit erscheint, sondern im 16. Kapitel mit dem Titel »Rechtsextremismus und Antisemitismus in der DDR«.

Das fundamentale Ergebnis ist in den folgenden Worten dokumentiert: »Trotz plakativ hervorgehobenem verbalen Antifaschismus blieben in der DDR-Gesellschaft Unterordnung und Anpassung eingeübte Verhaltensmuster. Mit dem Ende des Dritten Reiches war rechtsradikales Denken nicht untergegangen, auch nicht in der DDR. Eine Affinität für totalitäre Herrschaftsstrukturen blieb bei ehemaligen NSDAP-Mitgliedern auffällig, denn diese Leute waren persönlich entsprechend strukturiert, weil es den mentalen Erfordernissen einer jeden Diktatur entspricht. Sie hatten das angepasste Verhalten von Kindesbeinen an erlernt und verinnerlicht.

Über Jahrzehnte hinweg wirkten prominente SED-Genossen auf den DDR-Alltag ein, die ihre erste politische Erziehung als Anhänger und Verfechter des Hitler-Faschismus genossen hatten.« (III/235)

Nach dem Untergang der DDR habe man erkannt, dass der Antifaschismus »zur wortgewaltigen Staffage und propagandistischen Herrschaftslegitimation degeneriert« war. Bis zuletzt stellten die Ex-Nazis in der DDR keine Randgruppe dar, »sondern sie zählten zur Machtelite des Partei- und Staatsapparates, sie kamen aus der Mitte der DDR-Gesellschaft.« (III/235)

Diese Erkenntnis müsste eigentlich für eine höhere Auszeichnung reichen.

Es sei noch darauf verwiesen, dass Kappelt in seiner Dissertation einen außerordentlichen, selbst gewählten Auftrag erfüllen wollte. Er wollte »erklärbar […] machen, inwieweit frühere Nationalsozialisten in der DDR zu neuem Einfluss und Macht gelangen konnten«. (II/50) Mit anderen Worten: Kappelt wollte nachweisen, inwieweit einstige Nazis Einfluss und Macht in der DDR erlangten.

Um es kurz zu sagen: keinen.

Heraus kam sowohl in seiner Dissertation als auch in den »DDR-Braunbüchern« Auflistungen von Funktionen, Orden und anderen Auszeichnungen. Der Inhalt des Wirkens ehemaliger Nazis blieb Kappelt verschlossen und musste ihm verschlossen bleiben, denn er hatte nie in Verhältnissen gelebt, die die DDR-Bürger erlebten und kannten.

Und er ignorierte Publikationen, die sich mit dem gleichen Thema beschäftigten.

Zumindest tut er so.

Aber manchmal verrät er sich doch.

Auf Seite 18 meines Buches »Nazis in der DDR« zitierte ich aus der der *FAZ* vom 19. Februar 2000. In dem Text ging es um den Dresdner Stadtarchitekten Hans Broder. Kappelt machte sich nicht einmal die Mühe, in der FAZ zu recherchieren oder sie als Quelle zu nennen. Nein, er übernahm ordentlich die Fußnote aus meinem Buch.

Sauber.

1 Die Entnazifizierung in der SBZ sowie die Rolle und der Einfluss ehemaliger Nationalsozialisten in der DDR als ein soziologisches Phänomen, Hamburg 1997, S. 7.

2 Im nachfolgenden Text werden die beigezogenen Werke Kappelts in folgender Weise zitiert:
- Braunbuch DDR. Nazis in der DDR, Berlin 1981 = (I/Seite);
- Die Entnazifizierung in der SBZ sowie die Rolle und der Einfluss ehemaliger Nationalsozialisten in der DDR als ein soziologisches Phänomen, Hamburg 1997 = (II/Seite);
- Braunbuch DDR. Nazis in der DDR, Berlin 2009 = (III/Seite).

3 *Der Spiegel* 43/2002 vom 21. Oktober 2002.

4 Kurt Gossweiler: Kapital, Reichswehr und NSDAP 1919-1924, Berlin/DDR 1984, S. 562.

5 Braunbuch Kriegs- und Naziverbrecher in der Bundesrepublik und in Westberlin, Reprint der 3. erw. Aufl. 1968, Berlin 2002, S. 139. Beispiele von Ottersbachs nazistischer Willkürjustiz vgl. S. 137-139. Siehe auch: Belohnte Mörder, Berlin/DDR 1961, S.30f.

6 Zitiert nach: Ludwig Landwehr: Recht und Richter, Hannover, o. J., S. 13.

7 Die vergessenen Opfer des Kalten Krieges. Begleitheft zur Ausstellung, Berlin 2005, S. 19.

8 Die vergessenen Opfer des Kalten Krieges. Begleitheft zur Ausstellung, Berlin 2005, S. 24. Alexander von Brünneck: Politische Justiz gegen Kommunisten, Frankfurt am Main 1978. Dieter Schenk: Die braunen Wurzeln des BKA, Frankfurt am Main 2003.

9 »Wer hat ermittelt?« In: *Der Spiegel* 7/1996 vom 12. Februar 1996.

10 Wolfgang Benz (Hrsg): Legenden, Lügen, Vorurteile. Ein Wörterbuch zur Zeitgeschichte. 3. Aufl. , München 1993, S. 70.

11 SED und nominelle Nazis. Beschluss des Parteivorstandes vom 20. Juni 1948. In: Dokumente der Sozialistischen Einheitspartei Deutschlands, Bd. I, Berlin 1952, S. 52f.

12 Entschließung des II. Parteitages zur politischen Lage. In: Dokumente der Sozialistischen Einheitspartei Deutschlands, Bd. I, Berlin 1952, S. 228.

13 *Potsdamer Neueste Nachrichten* vom 16. Juni 2009.

14 So hat Kapelt in seinen Quellenangaben und Literaturhinweisen unter der Ziff. 105 mein Buch »Nazis in der DDR« (Berlin 2002) zwar genannt, es aber höchstwahrscheinlich nicht gelesen, denn meine Anmerkungen zu vielen von Kappelt genannten und behandelten Persönlichkeiten spielen bei ihm keine Rolle, sondern seine Meinung blieb in der 2. Auflage seines Braunbuches de facto in der Fassung der Auflage von 1981 erhalten. Das Musterbeispiel ist die Behandlung von Franz Gold. Nebenbei bemerkt: Die 2. überarbeitete Fassung meines Buches unter dem Titel »Hammer, Zirkel, Hakenkreuz – Wie antifaschistisch war die DDR?« (Berlin 2006) ist Kappelt wohl gänzlich entgangen, denn er nennt sie nicht einmal.

15 »Kein NSDAP-Parteibuch«. In: *Berliner Zeitung* vom 15. September 1997.

16 Vgl. Klaus Eichner/Gotthold Schramm (Hrsg.): Angriff und Abwehr. Die deutschen Geheimdienste nach 1945, Berlin 2007, S. 81-101.

17 Jens Gieseke: Erst braun, dann rot? Zur Frage der Beschäftigung ehemaliger Nationalsozialisten als hauptamtliche Mitarbeiter des MfS. In: Siegfried Suckut/Walter Süß (Hg.): Staatspartei und Staatssicherheit. Zum Verhältnis von SED und MfS, Berlin 1997, S. 129-149. (S. 129). Siehe: »Nazis in der DDR«, Berlin 2002, S. 182f. und »Hammer Zirkel Hakenkreuz – Wie antifaschistisch war die DDR?«, Berlin 2006, S. 213 ff.

18 Jens Gieseke, a. a. O., S. 139.

19 Jens Gieseke, a. a. O., S. 139.

20 vgl. Peter Joachim Lapp: Todesursache: Fenstersturz ? In: *DeutschlandArchiv* 1/1999, S. 84 f.

21 Brief von Günther Sarge vom 6. April 2002 an den Autor. Archiv des Autors. Siehe auch: Torsten Diedrich: Vincenz Müller – Patriot im Zwiespalt. In: Hans Ehlert/Arnim Wagner (Hrg.): Genosse General. Die Militärelite der DDR in biografischen Skizzen, Berlin 2003, S.150.

22 Ich danke Dieter Skiba für die in seinem Brief vom 26. Dezember 2001 an mich übermittelten Informationen. (Brief im Archiv des Autors).

23 Rüdiger Wenzke: Arno von Lenski – NVA-Panzergeneral mit preußischen Wurzeln. In: Hans Ehlert/Arnim Wagner (Hrg.): Genosse General. Die Militärelite der DDR in biografischen Skizzen, Berlin 2003, S. 100f. Auf den Seiten 112-114 wird unter dem Titel »Konfrontation mit der unbewältigten Vergangenheit« Weiteres zum Thema mitgeteilt.

24 Detlef Joseph: Nazis in der DDR, Berlin 2002, S. 146f.; ders.: Hammer, Zirkel, Hakenkreuz – Wie antifaschistisch war die DDR?, Berlin 2006.

25 Detlef Joseph: Hammer, Zirkel, Hakenkreuz – Wie antifaschistisch war die DDR?, Berlin 2006, S. 152.

26 Gerhard Kegel: In den Stürmen unseres Jahrhunderts. Ein deutscher Kommunist über sein ungewöhnliches Leben, Berlin 1983.

27 Gerhard Kegel: In den Stürmen unseres Jahrhunderts. Ein deutsche Kommunist über sein ungewöhnliches Leben, Berlin 1983, S. 76 ff.

28 (I/249); (III/382)

29 Manfred Hantke: Zur Bewältigung der NS-Zeit in der DDR, Defizite und Neubewertungen, hrsg. von der Friedrich-Ebert-Stiftung, Bonn 1989, S. 35.

30 Bulletin der Bundesregierung, hrsg,. vom Presse- und Informationsamt, Bonn, 17. Februar 1960, S. 311.

31 Hermann Wentker: Justiz im Übergang: Die sowjetische Besatzungsmacht, die deutschen »Täter« und die Anfänge der politischen Strafjustiz in der SBZ/DDR. In: Jürgen Weber/Michael Piazolo (Hg.): Justiz im Zwielicht, München 1998, S. 176ff.

32 KPD-Prozess. Dokumentarwerk zu dem Verfahren über den Antrag der Bundesregierung auf Feststellung der Verfassungswidrigkeit der Kommunistischen Partei Deutschlands vor dem ersten Senat des Bundesverfassungsgerichts, 3. Band, hrsg. von Gerd Pfeiffer/Hans-Georg Strickert, Karlsruhe 1956, S. 116.

33 Reichstagsdebatte_über_das_Ermächtigungsgesetz_(1933).pdf
34 Jacques Duclos (1896-1975), führender Funktionär der Französischen Kommunistischen Partei, u. a. Mitglied und Sekretär des Politbüros der KPF und Mitglied des Exekutivkomitees der Kommunistischen Internationale.
35 Gerhard Leo (1923-2009): Unser Mann in Paris. Karl-Heinz Gerstner, deutscher Antifaschist und Mitglied der Resistance. In: *antifa*, Juli/August 2006, S. 22.
36 ebenda
37 Prozess gegen die Hauptkriegsverbrecher vor dem Internationalen Militärgerichtshof. Nürnberg, 14. November 1945-1. Oktober 1946, Band VII, S.284 - 290.
38 Detlef Joseph: Nazis in der DDR, Berlin 2002, S. 198 f.; ders.: Hammer, Zirkel, Hakenkreuz – Wie antifaschistisch war die DDR, Berlin 2006, S. 203f.
39 Peter Przybylski/Horst Busse: Mörder von Oradour, Berlin/DDR 1984.
40 Detlef Joseph: Hammer. Zirkel, Hakenkreuz – Wie antifaschistisch war die DDR?, Berlin 2006, S. 222f.
41 Ernst Klee: Das Personenlexikon zum Dritten Reich. Wer war was vor und nach 1945? Frankfurt am Main 2003, S.159.
42 Ernst Klee: Das Personenlexikon zum Dritten Reich. Wer war was vor und nach 1945? Frankfurt am Main 2003, S.177.
43 Braunbuch Kriegs- und Naziverbrecher in der Bundesrepublik und in Westberlin, 3. Aufl., Berlin 1968, S. 156.
44 Interview mit Dieter Skiba und Wolfgang Schmidt. In: *Neues Deutschland* vom 8. April 2006.
45 Günter Bohnsack/Herbert Brehmer: Auftrag: Irreführung. Wie die Stasi Politik im Westen machte, Hamburg 1992.
46 Hälfte hinter Efeu. In: *Der Spiegel* 21/1991 vom 20. Mai 1991
47 Dieter Skiba/Wolfgang Schmidt: Geschichtsschreibung nach Art des Hauses Birthler. In: Klaus Eichner/Gotthold Schramm (Hrsg); Angriff und Abwehr. Die deutschen Geheimdienste nach 1945, Berlin 2007, S. 203.
48 ebenda.
49 Detlef Joseph: Hammer, Zirkel, Hakenkreuz – Wie antifaschistisch war die DDR, Berlin 2006, S. 201f.
50 Hamburger Institut für Sozialforschung (Hg.): Verbrechen der Wehrmacht. Dimensionen des Vernichtungskrieges 1941-1944. Ausstellungskatalog, Hamburg 2002, S. 654.
51 Konrad Adenauer: Erinnerungen 1945-1953, Frankfurt am Main/Hamburg 1967, S. 438.
52 Victor Klemperer: LTI . Notizbuch eines Philologen, 1. Aufl., Leipzig 1966, S. 8.
53 Victor Klemperer: Und so ist alles schwankend. Tagebücher Juni bis Dezember 1945, 2. Aufl. , Berlin 1996, S. 20.
54 a. a. O., S. 31f.
55 a. a. O., S. 62.